Cómo Opero e Invierto en Acciones y Bonos

Siendo Algunos Métodos Desarrollados y Adoptados Durante Mis Treinta Años de Experiencia en Wall Street

Por Richard D. Wyckoff

Traducción de I.A. Ortega

Cómo Opero e Invierto en Acciones y Bonos: *Siendo Algunos Métodos Desarrollados y Adoptados Durante Mis Treinta Años de Experiencia en Wall Street*

ISBN: 9798715568014
Publicación independiente

Título original: How to Trade and Invest in Stocks and Bonds: *Being Some Methods Evolved and Adopted During My Thirty-Three Years Experience in Wall Street*
Edición original publicada en 1925 por *The Magazine of Wall Street*

RICHARD D. WYCKOFF

«Tenemos éxito en proporción a la cantidad de energía e iniciativa
que usamos para ir tras los resultados»

PARA MI ESPOSA

Cuyo coraje, cooperación y creencia en mí me ha permitido alcanzar algunas de mis metas.

Tabla de Contenidos

Cómo Aprendí a Encontrar Gangas en los Pagarés de Corto Plazo – Qué Me Convenció de que los Bonos eran «Demasiado Bajos» en Diciembre de 1919 – Sacar el Máximo Provecho de las Acciones Bancarias

Lo que Aprendí a Buscar Antes de Comprar un Bono – Rentabilidad vs. Valor Intrínseco, ¿Cuál es Mejor? – Oportunidades que los Inversores Pasan por Alto – «Lo Suficientemente Bueno para Mis Suscriptores es lo Suficientemente Bueno para Mí» – ¿Por Qué Compré D. L. & W. en 1919? – ¿Son las Acciones de Alto Valor un Buen Medio de Inversión?

¡Nunca te Cases con Ningún Valor! – Por Qué Fracasan Tantas Empresas Mineras – Cómo Pruebo a los Ingenieros Mineros – Preguntas que Me Hago Antes de Poner Dinero en una Empresa Minera – Por Qué no Obtuve una Ganancia de 55.000 $

Lo que Compran los Rockefeller – Cómo Analizar la Tendencia Alcista de los Precios – Por Qué Establecí el «Departamento de Tendencias Operativas» en *The Magazine of Wall Street* – Las Características de una Inversión Deseable – Estudiando la Acción del Precio de las Acciones Individuales – Cómo Operan los Fondos – Cómo Determinar la «Posición Técnica» en la Bolsa de Valores – Su Gran Importancia

Dónde Escuché por Primera Vez de las Posibilidades de las Acciones de American Graphophone – Cómo Comprobé Mi

Cosas que Hay que Saber Antes de Comprometerse – Lo que Wall Street Necesita – El Tipo de Operador que Tiene Éxito – Estudiar los Errores del Público – Encontrar Tu Verdadera Posición

Lo que Encontré para el Uso Más Inteligente del Dinero – ¿Debe un Corredor dar Consejos a Sus Clientes? – Lo que Wall Street Necesita – Cómo Decidir Qué No Comprar – Por qué tantos Inversores Compran Acero Americano – Cómo Entrenar el Juicio sobre Cuándo Comprar – ¿Por qué Debería Tratar de Comprar al Menos Diez Valores Diferentes?

Cómo Reconocer la Manipulación – La Gran Cosa que Hay que Saber sobre los Valores – Cómo se Mantienen los Valores del Ferrocarril – Descubriendo Oportunidades que Han Sido Pasadas por Alto – Hacer a la Inversión una Ciencia Exacta

Prólogo

Durante los últimos treinta y tres años he sido un estudiante persistente de los mercados financieros. Como miembro de varias empresas de la bolsa de valores, como agente de bonos, operador e inversor, he estado en contacto activo con miles de personas que realizan órdenes y manejan los mercados, así como con los que negocian en dichos mercados, es decir, especuladores e inversores.

En los últimos quince años, he editado y publicado en *The Magazine of Wall Street*, que al momento de escribir este artículo tiene la mayor circulación de cualquier publicación financiera en el mundo.

Estas experiencias me han dado la oportunidad de estudiar no solo los mercados de acciones y bonos, sino todos los relacionados con ellos, y me han permitido observar las fuerzas que influyen en estos mercados y los elementos humanos que contribuyen en gran medida a su actividad y a sus amplias fluctuaciones.

A partir de esta experiencia he desarrollado, adoptado o formulado ciertos métodos de especulación e inversión, y algunos de ellos los he recopilado y presentado en las siguientes páginas.

Mi propósito al preparar este libro ha sido doble. En primer lugar, tengo en mente a los miles de nuevos inversores que encuentran en la bolsa de valores una amplia máquina técnica, demasiado compleja para ser entendida por muchos. Me he esforzado por acabar con esta impresión, para enfatizar el hecho de que, en Wall Street como en cualquier otro lugar, lo esencial es el sentido común, junto con el estudio y la experiencia práctica. He intentado resumir los requisitos para el éxito en este campo de una manera que sea comprensible para todos.

Además, como aprendí en la elaboración de mi primer libro: «*Studies in Tape Reading*», es de gran provecho personal para mí escribir y así aclarar y cristalizar en mi propia mente los principios sobre los que me esfuerzo por operar. Y así, desde ambos puntos de vista me pareció que valía la pena ordenar mis impresiones en un orden metódico y coherente.

RICHARD D. WYCKOFF

Great Neck, L. I.
Marzo, 1922

Considero que un hombre que es muy inteligente, que prevé y juzga con certeza, tiene una ventaja sobre su vecino y no se considera inmoral que use esa ventaja porque él es individualmente más apto para el negocio; y hereda en él por una ley de la naturaleza, que tiene derecho a lo mejor de sí mismo legítimamente aplicado. Si un hombre, o veinte hombres, mirando el estado de la nación aquí, en los cultivos, en las posibles contingencias y riesgos del clima, en las condiciones de Europa; en otras palabras, tomar todos los elementos que pertenecen al mundo en consideración, ser lo suficientemente sagaz para predecir el mejor curso de la acción, no veo por qué no es legítimo.

– HENRY WARD BEECHER

PARTE I

MIS PRIMERAS LECCIONES EN INVERSIÓN Y ESPECULACIÓN

Por sugerencia de mi primer jefe en Wall Street, empecé a estudiar las estadísticas del transporte ferroviario y de otras corporaciones por aquellos tiempos donde mis pantalones se alargaban de la rodilla al tobillo y recibía la generosa suma de 20 $ al mes. Esto fue en 1888.

Con numerosas interrupciones, mis estudios continuaron hasta 1897, cuando empecé a ponerlos en práctica comprando una participación de la empresa St. Louis & San Francisco a 4 $ por participación. En ese momento algunas de las otras acciones principales se vendían con los siguientes precios: Union Pacific 4, Southern Pacific 14, Norfolk & Western 9, Atchison 9, Northern Pacific 11, Reading 17. Por decirlo suavemente, los precios eran muy bajos. Muchas rutas estaban saliendo o todavía estaban en bancarrota, y los dividendos irlandeses eran la regla.

Mientras ahorraba un poco de dinero empecé a comprar más lotes de participación y finalmente me convertí en tal incordio en este sentido que la empresa de la Bolsa a la que «favorecía» con mis órdenes dijo que no era de su incumbencia, por lo que decidí comprar más participaciones, de menos variedades.

Esta es la forma en que la mayoría de la gente empieza sus operaciones, comprando directamente, creyendo que están a salvo. Es cierto que están seguros en la posesión de sus certificados una vez que los tienen en sus cajas de seguridad, pero en ningún otro aspecto. No están seguros contra las fluctuaciones o las pérdidas de valor o de poder adquisitivo. Sin embargo, si sus títulos están bien seleccionados y se compran en el momento adecuado, las posibilidades son muy favorables para que ganen dinero.

Mi práctica en aquella época era sentarme por las noches, leer los periódicos financieros y estudiar los valores futuros de los títulos, y cuando no tenía dinero suficiente para comprar, hacía mis selecciones de la misma manera y escribía mis compras imaginarias en un libro con la respectiva razón de por qué, en última instancia, deberían valer más dinero. Dos de ellas las conservo en mi memoria, en concreto, Chicago, Burlington & Quincy en 57, y Edison Electric Illunminating de Nueva York, en 101.

Menciono estos incidentes porque ilustran una muy buena manera para que cualquiera empiece a aprender el negocio de la especulación y la inversión en valores. Como en cualquier otra sección, es la práctica la que hace la perfección, y la mayoría de las fatalidades en Wall Street pueden ser atribuidas a la falta de práctica. No se tiene que arriesgar dinero real cuando se está aprendiendo, y siempre abogo por dos o tres años —no dos o tres meses, claro está— de este tipo de estudio y práctica cuando uno está considerando seriamente la participación en este gran juego.

Pero el estudio y la práctica son las dos cosas más alejadas de la mente de la mayoría. Todo el mundo sabe que la gente que se mete en especulaciones por primera vez no quiere molestarse con esos detalles. El hombre de edad promedio que viene a Wall Street viene a especular, aunque puede pagar por completo sus adquisiciones, todo lo que pide es que le digan «algo bueno». Eso no es especulación, es juego; porque la especulación, para citar a Thomas F. Woodlock «implica el uso de la previsión inteligente». La mayoría de la gente no usa ni la previsión ni la inteligencia.

Al lector le parecerá que hay que esperar mucho tiempo, pero en mi caso no empecé a invertir hasta ocho años después de haber empezado a estudiar, y no empecé a especular hasta seis años después, por lo que se puede admitir que fui a la escuela y obtuve un conocimiento básico que ha tenido un valor inestimable.

En relación con la compra de mi única participación, descubrí que, aunque había calculado correctamente las condiciones financieras y el poder adquisitivo de las empresas cuyos valores tenía, sus precios solían fluctuar mucho como resultado de las condiciones generales del mercado. En otras palabras, una acción puede bajar, aunque todo lo que se refiere al valor intrínseco y las posibilidades futuras apunten al alza; por lo que decidí que había otros factores a considerar y encontré que estos eran principalmente tres en concreto: la manipulación, las condiciones técnicas y la tendencia del mercado.

Para estudiar el mercado con detenimiento, me identifiqué con una importante casa de Bolsa de Nueva York que hacía un gran negocio para algunos operadores prestigiosos, y allí aprendí lo necesario que es observar la proposición, no desde el punto de vista del forastero que se esfuerza por anticipar las fluctuaciones de lo que ve en la superficie, sino desde el punto de vista interno que es un factor que influye en los precios.

La investigación demostró que muchos de los que pudieron así influir en los precios cometieron a menudo los mismos errores que los pequeños operadores, solo que sus errores se toparon con grandes cantidades de dinero, que, sin embargo, no estaban fuera de la proporción de sus beneficios. Años antes, en mi calidad de oficinista en el negocio de la intermediación, había notado tendencias entre los pequeños operadores que ahora encontraba exageradas en muchos aspectos en el caso de los grandes operadores.

En el estudio de las condiciones técnicas, el cual era mi siguiente paso, descubrí que el factor más importante era la tendencia del mercado y que la condición de sobrecompra o sobreventa del mercado era lo que más tenía que ver con la dirección inmediata del siguiente giro. Sin duda, los principios que se encuentran en mi libro «*Studies in Tape Reading*» estuvieron dando vueltas en mi cabeza durante mucho tiempo antes de que los escribiera, y mientras lo hacía se aclararon y cristalizaron. Cuando me di cuenta de esto, empecé a ponerlos en práctica negociando en lotes de diez participaciones, aunque había operado de una manera mucho más grande algunos años antes. Me pareció que, con los principios correctos y una cantidad suficiente de práctica, podría ir construyendo poco a poco mi negocio bursátil sobre una base sólida que no llevara a resultados inmediatos, sino a un aumento constante de la capacidad especulativa y los consiguientes beneficios.

Al estar en el negocio de la intermediación, mi objetivo inmediato era ganar más dinero para mis clientes, porque me di cuenta de que era la única manera de que se convirtieran en clientes permanentes y exitosos. Sin embargo, mi objetivo final era salir del negocio de corretaje y dedicar mi tiempo a los mercados de valores, y es una satisfacción decir que llegué a ese punto hace algunos años.

A diferencia de muchos que operan con el fin de ganar dinero con el que aumentar sus operaciones de mercado, yo estoy más interesado en obtener beneficios para poder tener más dinero para invertir. Así como sus redactores, a través de las columnas de *The Magazine of Wall Street*, abogan por que el hombre de negocios tome sus excedentes y los invierta en valores sólidos, así hago un negocio de la especulación e invierto las ganancias que resulten. En pocas palabras, opero para poder invertir.

Pero volvamos un poco atrás y anotemos algunos de los puntos que se me ocurrieron mientras estudiaba el tema de manera objetiva:

Las operaciones de mercado que se llevaron a cabo en la oficina de mis primeros jefes no fueron significativas porque era una empresa pequeña y no tenía muchos clientes. El jefe de la empresa operaba poco y ganaba algo de dinero, porque parecía entender lo que hacía. Por otro lado, la mayoría de los clientes no entendían ni ganaban dinero. De vez en cuando alguien venía y se metía, pagaba muchas comisiones, y luego se iba disgustado con la transacción. Los operadores de este tipo deberían estar disgustados con ellos mismos. La mayoría parecía verlo como un deporte o una aventura en la que esperaban demostrar que su juicio y su habilidad eran mejores que los de todos los que sabían que habían fracasado.

Casi todos parecían estar adivinando. Un hombre ciertamente se llevó la palma en una operación cuando compró en el techo de mercado y vendió en el suelo de mercado. Otro me dijo que había tomado un pequeño bono de Reading, con un valor de 300 $, y que al piramidar el aumento de Reading durante los años anteriores había subido el valor a algo más de 250.000 $. Pero en este momento en particular, él estaba otra vez en una situación muy precaria.

Teníamos un anciano que solo compraba los bonos ferroviarios de más alto grado, y solo cuando estaban muy bajos. Coleccionarlos y recortar los cupones era una manía que tenía él y para satisfacer su manía, economizó hasta el punto de usar un trozo de cuerda de manila para mantener sus gafas. Él y otros inversionistas eran los clientes más satisfactorios porque seguían viniendo año tras año, mientras que los que especulaban desaparecían uno tras otro. En cuanto a estos últimos, noté una tendencia muy marcada en aceptar una pequeña ganancia y soportar una gran pérdida.

Por aquel entonces, oí hablar de un destacado hombre de Brooklyn que, tras varios intentos especulativos, se dijo a sí mismo: «Conozco el secreto de este juego, todos estos operadores aceptan pequeñas ganancias y grandes pérdidas. Abriré una tienda de cubos y cuando lo hagan me obligarán a tener pequeñas pérdidas y grandes ganancias». Lo hizo. Y en poco tiempo compró un par de hoteles y fue calificado como millonario. Sin duda desconfiaba de su propia capacidad para operar como lo hacían los demás y seguía estrictamente este principio rentable (el propietario de la tienda de cubos puede tener dos tipos de principios diferentes, aunque se escriban de la misma manera), pero él sabía que si se metía en el negocio se vería obligado, por la propia ignorancia de sus clientes, a ganar más dinero del que perdía.

Volviendo a mi oficina de corretaje, debo decir que las impresiones que allí se derivaban no eran propicias para la especulación, sino que mostraban las ventajas marcadas de una inversión astuta.

La siguiente empresa con la que me identifiqué fue una que tenía sistemas de cables privados, sucursales y un considerable número de clientes, grandes y pequeños. Algunos de ellos eran grandes operadores, pero solo unos pocos tenían mucho éxito. Aquí realmente empecé a aprender algo de la observación de sus métodos. El que más me impresionó fue un alto funcionario de la compañía de telégrafos de la que alquilamos algunos de nuestros cables. Se destacó del resto por su política fija de cortar sus pérdidas (aquí estaba ese mismo principio volviendo a aparecer). Nunca dio una orden, a menos que fuera acompañada de una parada de dos puntos. Trató los temas más activos y ampliamente fluctuantes en ambos lados del mercado. A diferencia de muchos de los clientes que eran «perdedores natos», él era el único hombre que recuerdo como exitoso gracias a su persistencia. Normalmente, negociaba en lotes de doscientas participaciones a la vez y generalmente se las arreglaba para obtener un beneficio un poco mayor que los dos puntos y la comisión que arriesgaba.

Mientras estaba en esa empresa ocurrió el pánico de 1893. General Electric bajó de 114 a 20, y American Cordage bajó de 140 a niveles de reorganización. Esta experiencia me mostró los riesgos que corrían las personas que hacían compromisos especulativos sin limitar sus posibles pérdidas o vigilarlos de cerca y salir cuando descubrían que estaban equivocados. El mercado de estas y otras acciones simplemente se desvaneció, habiendo pocos compradores y muchos vendedores obligados. Había visto estas cosas antes en el pánico de Baring en 1890, pero no me causaron la misma impresión porque no había tenido un contacto tan cercano con aquellos que estaban haciendo comentarios especulativos de tamaño considerable.

Unos años más tarde conseguí un puesto en una gran, ambiciosa y creciente casa de Bolsa de Nueva York que tenía sistemas de cables privados, sucursales y corresponsales en todo el país. Su larga lista de clientes y sus importantes conexiones hicieron que se convirtiera rápidamente en una de las casas más grandes de Wall Street. Aquí pude obtener una visión aún más amplia de los mercados, ya que la empresa tenía un gran negocio de algodón y grano, así como de acciones y bonos. Mucha de su gente ganó mucho dinero. Unos pocos obtuvieron ganancias espectaculares en poco tiempo, pero observé que su repentina riqueza condujo a una sobreextensión y grandes pérdidas porque evidentemente no tenían el mismo juicio cuando se trataba de cantidades mayores. Este fue otro punto a favor del proceso de construcción lenta.

Las grandes casas de cables de Boston, Filadelfia y Chicago vertieron sus negocios a través de nuestras conexiones, pero sin conocer las operaciones de sus clientes individuales, solo pude juzgar por el compuesto que se me presentó al hacer que todo viniera a nombre de la casa. Evidentemente, se estaban llevando a cabo dos tipos de operaciones. Una fue una gran afluencia de órdenes de compra y venta, evidentemente, surgidas de aquellos que se esforzaban por anticipar las fluctuaciones inmediatas. El resultado de estos se indicó en una entrada de dinero correspondiente para un margen de tales transacciones y cubrir las pérdidas que resultaron en la red, siempre que los operadores en otras ciudades no fueran diferentes a los que había conocido aquí; es decir, que eran más o menos inútiles e ineficientes en la negociación bursátil.

El otro tipo de tratos me impresionó más. Consistían en una línea constante de órdenes para comprar valores como Atchison

General Mortgage 4s, e Income, Norfolk & Western preferida, Union Pacific preferida, y el mejor grado de acciones y bonos en empresas que recién salían de la quiebra. Estos se compraron en grandes cantidades y se enviaron, principalmente a Occidente. Evidentemente, había algunas personas en ese gran centro ferroviario, Chicago, y en sus afluentes, que estaban familiarizados con el negocio del ferrocarril y que veían posibilidades en el futuro de tales acciones y bonos a pesar de un pasado desastroso.

En el mercado alcista que empezó con la primera elección de McKinley en 1896, y duró varios años, Union Pacific, Reading, Atchison y otros que habían pasado por la reorganización y la tasación, multiplicaron muchas veces su valor y proporcionaron la lección más sorprendente que había recibido hasta ahora.

Era evidente que la clase más exitosa de nuestros clientes eran los inversionistas que mantenían una visión del futuro, o a menudo eran capaces de coger, acciones como Reading y otras a un precio inferior al de la valoración en efectivo que se había pagado. En el caso de estas evaluaciones, los precios de mercado de estas últimas subieron finalmente a la par, se les devolvió el dinero de la evaluación y se recuperaron las pérdidas anteriores o se obtuvieron grandes beneficios en las acciones comunes que habían adquirido a precios bajos.

Tuve muchas lecciones en especulación durante mis cuatro años con esa empresa. Siendo un período de crecimiento, hubo numerosos casos de desarrollo de pequeñas cuentas a grandes. El gobernador Flower era el líder del alza en ese momento y algunas de sus acciones pasaron de pequeñas a grandes cifras. Tenía muchos seguidores, era perfectamente honesto con ellos e hizo una gran cantidad de dinero para el público hasta el día en que comió demasiados rábanos en su club de pesca en Riverhead, Long Island, y falleció. A la mañana siguiente, la mayoría de los que habían ganado dinero en el lado alcista y se habían cargado muchas veces con lo que habían empezado, perdieron la mayor parte en la apertura.

Uno de mis compañeros de trabajo dio una instrucción de lo que se podía hacer con un poco de dinero. Empezando con una pequeña cantidad de acciones, estuvo piramidando hasta que se dio cuenta de la suma de 3.000 $, que parecía muy grande para un empleado que ganaba 30 $ a la semana. Descubrí que él no basaba su juicio en las noticias, sino en el estudio de las fluctuaciones. Sus expediciones fueron American Sugar y Brooklyn Rapid Transit. Con sus ganancias se compró una casa, pagando sus tres mil dólares «para que no se los pudieran quitar». Él interpretaba los gráficos del mercado y los estudiaba inteligentemente, como lo hacían muchas otras personas conocidas entonces como «fanáticos de los gráficos».

En aquella época, analizar los gráficos se consideraba como una forma de hacer las cosas como las autosuficientes ardillas. Dentro y fuera de muchas oficinas de corretaje había individuos con los ojos desorbitados y con los gráficos bajo el brazo, que hablaban largo y tendido sobre los dobles techos y dobles suelos y le mostraban dónde, cómo y por qué los «grandes especuladores» hacían esto o lo otro con sus acciones favoritas. Sin embargo, ninguno de ellos parecía tener mucho dinero. Posiblemente se debía a que seguían una serie de reglas estrictas y no usaban mucho la inteligencia. ¡Parece que los gráficos les decían exactamente qué hacer!

Los estudiantes exitosos del mercado eran pocos, pero había algunos; y empecé a obtener un truco sobre sus métodos de razonamiento. Me sorprendió encontrar que el propio mercado daba frecuentes pruebas de su futuro curso y empecé a investigar en esa sección. No interfirió con mi estudio del valor intrínseco y el poder de ganancia, sino que lo complementó, ya que a menudo descubrí que las estadísticas y la acción del mercado apuntaban en la misma dirección.

En lo que respecta a la manipulación, parecía tener uno de los tres objetivos: Hacer que el público compre, venda o se mantenga al margen. Y yo juzgué que los manipuladores se esforzaban por hacer lo contrario. El mercado en ese momento consistía en unas pocas acciones, aunque estaban aumentando. El factor comercial dominante era James R. Keene. El partido Rockefeller estaba activo en algunas de sus acciones. Morgan aún no había «brotado» el Steel Trust, Gates y Harriman estaban llegando al horizonte, y el sol de Gould estaba a punto de ponerse. Era un mercado que podía ser fácilmente picado por un grupo de nuevos y poderosos intereses que trabajaban en armonía, pero, aunque la participación del público y el volumen de comercio eran grandes, no se podía comparar con los mercados de hoy en día en cuanto al número de participantes o el gran número de acciones que se negociaban.

Habiendo obtenido una nueva perspectiva del mercado, empecé a tratar de juzgarlo por su propia acción, principalmente con respecto a la tendencia general. La teoría de Dow sobre el movimiento de los precios me impresionó considerablemente. Comprendí claramente que en su teoría había tres movimientos distintos del mercado que se producían simultáneamente: (1) la tendencia a largo plazo que se extendía durante un período de años;

(2) las oscilaciones de treinta a sesenta días; (3) las pequeñas oscilaciones que iban de uno a varios años. El valor de estas sugerencias parecía ser grande cuando se aplicaban correctamente.

Tenía sed de conocimientos sobre la bolsa de valores y las inversiones, pero a mi pesar había muy pocas personas que pudieran ayudarme y muy poco material impreso que tuviera algún valor. Así que tuve que buscarlo por mí mismo, lo mejor que pude. Fue un proceso lento o no era lo suficientemente brillante para absorberlo rápidamente, pero hice progresos, como lo demostraré en los capítulos que siguen.

LOS CREADORES DE LA HISTORIA DEL ACERO DE EE.UU.

Cuatro de las principales figuras de la organización y administración de la U.S. Steel Corporation cuyas participaciones han estado durante mucho tiempo entre los medios de inversión más populares.

PARTE II

EXPERIENCIAS RENTABLES EN LOS CAMPOS DE CORRETAJE Y PUBLICACIÓN

Habiendo acumulado suficiente dinero para hacer negocios por mi cuenta, renuncié a la gran casa de cables y empecé a negociar con valores no cotizados. Más tarde, con algunos asociados, formé una empresa de bolsa en Nueva York, me convertí en el socio gerente y durante varios años continué en el negocio de la intermediación bursátil. Esto me puso en contacto con las operaciones de los clientes y otros grandes operadores.

No había observado a estos operadores durante mucho tiempo antes de llegar a tres conclusiones definitivas en cuanto a los métodos de negociación. Eran los siguientes:

(1) La mayoría de los que compraban y vendían valores eran casi totalmente ignorantes del negocio.

(2) Eran mentalmente perezosos. No mostraban ningún deseo de aumentar su conocimiento del tema, pero cualquiera que les diera consejos o la llamada «información» tenía la mayor atracción para ellos.

(3) Se podía obtener muy poca literatura educativa, incluso si el elemento comercial se había inclinado a dedicar el pensamiento y el estudio a la preparación propia.

Era asombroso ver cómo los hombres, inteligentes, cuidadosos y exitosos en sus propios negocios, bajaban a Wall Street y tiraban la prudencia al aire cuando se comprometían a negociar acciones o bonos.

Había llegado a un punto en el que era un juez de feria del mercado; e hice mi mejor esfuerzo para ayudarlos. Con el tiempo, me las arreglé para ayudar a mucha gente a ganar buen dinero; pero descubrí que la mayoría de ellos querían apoyarse, no aprender. Simplemente se dejaron llevar, guiados por la esperanza de ganancias y perseguidos por el miedo a la pérdida.

La clientela con la que entré en contacto durante esos años me dio una idea clara de la psicología del operador e inversor medio, y descubrí que, por lo general, su punto de vista sobre el mercado era muy retorcido; que hacía, la mayoría de las veces, lo contrario de lo que haría el operador grande y experimentado, porque juzgaba por las condiciones superficiales del mercado y no por las condiciones técnicas de gran importancia. Una clara comprensión de estas condiciones técnicas, según lo que observé, era más vital para cualquiera que esperase operar con éxito. Y así fue como durante un tiempo dediqué la mayor parte de mi pensamiento y atención al lado de la inversión de los valores en lugar de la especulación.

Después de fundar, durante el pánico de 1907, *The Magazine of Wall Street*, entonces conocida como *The Ticker*, empecé a recibir numerosas consultas de personas que estaban ansiosas por saber más sobre los vaivenes del mercado, y también recibí contribuciones de artículos de aquellos que habían estudiado estos temas. Otro tipo de comunicación contenía una descripción de métodos más o menos mecánicos sobre los que los escritores deseaban opiniones. En ese momento había un amplio interés en la búsqueda de un método de funcionamiento que acabara con el falible juicio humano. Y aunque esto parecía ser algo imposible de alcanzar, no hay duda de que pude aprender mucho del estudio de los diferentes tipos de movimientos de mercado registrados. Algunos de los puntos que había adquirido a través del análisis de las numerosas ideas presentadas y otros puntos que estudié por mí mismo me ayudaron mucho a juzgar el mercado.

La razón de ello es que todos los gráficos, cuadros, y diagramas que forman imágenes de los movimientos de las acciones individuales o conjuntos de valores, no son más que la historia concreta de la reacción de muchas mentes sobre el mercado. Y mi objetivo al estudiar en esta línea no era seguir estas indicaciones a ciegas, sino ver qué tipo de operaciones mentales las causaban. Al razonar así los puntos buenos y malos de la psicología del público, esperaba llegar al verdadero método operativo.

Así que aquí me gustaría decir una buena palabra para todas las formas de gráficos que son propensos a ser muy abusados y mal utilizados por personas que nunca se han tomado la molestia para investigar su valor. Apenas hay un negocio o profesión hoy en día que no emplee gráficos como indicadores de condiciones, operaciones, etc., en miles de formas diferentes. ¿Qué puede ser más lógico, pues, que adoptar los gráficos como medio para ver y aclarar una proposición tan compleja como la bolsa de valores?

A medida que pasaba el tiempo, mi oficina de publicaciones se convirtió en el centro de interés de un gran número de personas que habían abordado este problema desde diferentes ángulos, y en el estudio de sus ideas y mediante la adopción de los puntos buenos y la eliminación de los puntos malos, formé gradualmente una idea bastante clara de cómo se podría establecer un éxito permanente por parte de alguien dispuesto a dedicar su tiempo y su atención al asunto, haciendo que todo lo demás fuera secundario. Como la demanda de muchos sectores surgió para información sobre el tema de juzgar el mercado por su propia acción, decidí hacer una especialidad de este tema, estudiarlo y escribir sobre él. El resultado de esto fue el libro: «*Studies in Tape Reading*», que desde entonces ha sido reimpreso en muchas ediciones. Y los principios que en él se establecen no han cambiado a través de todas las transformaciones del mercado durante los doce años que han pasado desde que el libro apareció por primera vez en forma de serie en *The Magazine of Wall Street*.

Mucha gente dirá que una cosa es escribir sobre una propuesta difícil como la bolsa de valores, y otra muy distinta poner sus ideas en práctica, es decir, hacer dinero con ellas. Basta decir que, desde que escribí ese libro, he hecho muchísimo dinero para mí y en total millones de dólares para mis suscriptores aplicando los métodos allí establecidos, es decir, juzgando por la dirección futura del mercado y de los valores individuales por su propia acción. Y cada año espero seguir ganando mucho más dinero del que gasto, porque los principios de ese libro son absolutamente sólidos y practicables, como lo prueban los dólares que se derivan del mercado.

En «*Studies in Tape Reading*» sugerí el comercio de ganancias diarias con el objetivo de obtener un beneficio fraccionario sobre las pérdidas, gastos, comisiones, etc., en promedio, por día. Pero finalmente encontré que podía obtener resultados mucho mejores operando para los cambios de cinco, diez y veinte puntos. Además, aprendí que operar de esta última manera era para disminuir la tensión nerviosa ocasionada por la observación de la cinta cada minuto del día y llevar en mi cabeza todas las cotizaciones de las principales acciones activas y su acción previa.

Descubrí que el dinero real se ganaba en las oscilaciones importantes que se producían en un promedio de treinta a sesenta días, en las que la acumulación o distribución estaban claramente marcadas mientras el movimiento estaba en sus etapas preparatorias. La experiencia demostró que toda campaña bien planificada y bien ejecutada en el mercado tenía tres etapas:

Primero, en el caso de un movimiento ascendente, aparecía la acumulación y esta podía durar varias semanas o meses.

La siguiente sería la fase alcista, en la que las acciones se veían forzadas a subir ya sea por noticias demasiado optimistas o por compras agresivas hasta que llegaban al nivel en el que podía tener lugar la distribución.

La tercera fase era la de la distribución. Las operaciones para el descenso serían lo contrario de este ciclo.

Muy a menudo me encontré con que una acción que estaba aumentando se llevaría mucho más allá del punto en que se podría obtener un beneficio sustancial y satisfactorio, pero como los grandes operadores trabajan con un precio medio de compra y venta en lugar de con una cifra definitiva, en tales casos su distribución los llevaría a la baja. Por ejemplo, si se acumulan acciones dentro de un rango de 50 a 60 y el punto de venta medio objetivo es de 80, la cuestión podría ser llevada a la par y luego vendida en el camino de vuelta a 70, de modo que 80 o más sería el precio medio recibido por lo que se vendió.

Estos puntos se explican para que el lector se haga una idea de cómo resolví mis problemas, siendo mi objetivo averiguar o razonar lo que hizo el gran operador y cómo lo hizo; entonces podría operar de la misma manera, y probablemente con mayor éxito. *Vi la gran ventaja de operar con la actitud mental del operador profesional en lugar de la actitud del forastero poco informado.*

Como se ha dicho anteriormente, primero probé mi teoría mediante el comercio de lotes fraccionados de acciones. Mi progreso se vio a menudo detenido por cambios inesperados en el mercado, mi propia tendencia a alejarme de mis principios, nuevos acontecimientos que me llevaron a revisar muchos detalles y, por último, la necesidad de una larga serie de transacciones que me darían experiencia en esta forma tan particular de negociar.

Antes de tener éxito, tuve que reconstruir prácticamente mi propio carácter operativo. Una de mis mayores dificultades fue la impaciencia. Siendo de una disposición activa no podía quedarme quieto el tiempo suficiente para permitir que se acumulara un gran beneficio. En ciertos períodos los corredores ganaban más en comisiones que yo en beneficios. Otras veces me dejaba influenciar por otras consideraciones más que por la propia acción del mercado. Pero finalmente superé la mayoría de estos fallos y empecé a recoger un beneficio real de todo el pensamiento y la autoformación que había puesto en mi trabajo.

Sin entrar en todos los detalles relacionados con el entendimiento del mercado, que con larga práctica se resolvieron por sí mismos en una especie de intuición, como se explica en «*Studies in Tape Reading*», basta decir que desde entonces he tenido éxito en anticipar lo que aparentemente fueron los puntos de inflexión en las oscilaciones de diez a veinte puntos del mercado. Y como todo el que tenga un conocimiento del mercado entenderá, el éxito en esta sección consiste en tener un mayor beneficio agregado a lo largo del año que el monto total de las pérdidas, incluyendo comisiones, impuestos y cargos por intereses.

Me doy cuenta de que la gente en general mantiene la ilusión de que cualquier hombre que pueda ganar dinero en la bolsa de valores debe hacerlo por millones. El público parece pensar que una vez que se sabe cómo aprovechar la reserva de dinero todo lo que hay que hacer es dejarla correr. Ninguna falacia podría ser más engañosa.

Es cierto que unos pocos grandes operadores obtienen a veces beneficios espectaculares. Pero sus pérdidas suelen ser proporcionales y nunca se sabe de ellas. Los que ganan millones se arriesgan a ganar millones, a menudo todo lo que tienen en una sola operación. Y con frecuencia se van a la quiebra, una condición que nunca he experimentado en la bolsa de valores, simplemente porque nunca me he permitido llegar a una posición vulnerable. He resistido varios pánicos sin pérdidas serias.

Ganar mucho dinero de un solo golpe no es mi objetivo operativo. Utilizo una cantidad de dinero relativamente pequeña en la negociación, no más del cinco o diez por ciento de mi capital suelto, porque no tengo ningún deseo de dispersarme demasiado, o de operar de forma que cualquier evento inesperado me deje paralizado. Sé que hay muchas personas que ven los beneficios como un medio para ampliar sus operaciones de mercado. Mi método es reducir los beneficios e invertirlos en valores de renta fija o variable, preferiblemente aquellos que tengan la oportunidad de aumentar su valor.

Hay una satisfacción mucho mayor al operar con una pequeña cantidad de dinero por varias razones: Te hace ser más cuidadoso, porque, habiéndote propuesto la tarea de obtener grandes beneficios con una cantidad limitada de capital operativo, planeas tus jugadas con astucia y no tomas riesgos como si estuvieras operando con más dinero. A continuación, sientes que arriesgas muy poco para hacer algo cuantioso. Hay mucha más satisfacción en ganar 10.000 $ con un capital de 5.000 $ que en hacer la misma cantidad donde se emplean 25.000 $.

Las operaciones más gratificantes para mí son aquellas en las que he tomado, en varias ocasiones, 3.000 $ y los he puesto en una cuenta en la oficina de corretaje donde podía obtener el tipo de servicio adecuado en un momento en el que esperaba un movimiento de doce o quince puntos en un determinado valor. Una de mis acciones favoritas en este sentido ha sido U. SL Steel con la que tuve probablemente más éxito que cualquier otro bono. Hace unos años, cuando estaba muy ocupado y no podía vigilar el mercado todo el día, solía esperar a que U. S. Steel se pusiera en una posición en la que esperaba un movimiento fuerte alcista o bajista y luego compraba (o vendía) 300 participaciones, colocando una orden de parada de tres puntos para protegerse. Cada dos puntos de subida, compraba otras cien participaciones, protegiendo cada lote adicional con una orden de parada de tres puntos. Después de que las acciones subieran unos diez puntos dejaría de comprar. Para entonces tendría 800 participaciones. Tomaría mi ganancia en un avance adicional o subiría la orden de parada para estar seguro de tener al menos varios miles de dólares de ganancia.

En el año en particular que mencioné anteriormente, operé muy poco a excepción de tres campañas de este tipo en U. S. Steel, donde no se usó más de 3.000 $ de margen inicial en cada campaña, pero de las cuales mi ganancia neta fue de unos 20.000 $. Esto es lo que llamo «buena operativa» porque se hizo con un riesgo muy limitado y las ganancias fueron grandes en proporción a la cantidad inicial. Después de la primera campaña, los beneficios fueron suficientes para suministrar el capital para la segunda y tercera operación.

Ahora bien, esto no pretende transmitir que yo, o cualquier otra persona, pueda continuar negociando indefinidamente con éxito ininterrumpido. Simplemente ilustra un método operativo que tiene las ventajas descritas. Siempre me recuerda a un barco de guerra que, en lugar de girar su costado hacia el enemigo, muestra su proa y así, es un objetivo mucho menor. Un buen número de hombres en Wall Street operan de esta manera.

No se oye hablar de ellos, porque no resulta que están publicando revistas o escribiendo libros. Como un viejo amigo mío me dijo hace unos días, hablando de un antiguo miembro de una empresa de Bolsa de Nueva York:

«Es el especulador más exitoso que he conocido. Observa cuidadosamente una acción y cuando juzga por su acción que está lista para un movimiento importante, compra quizás 500 participaciones. Si va en su dirección, comprará lotes adicionales cada punto, pero si baja dos o tres puntos después de haberla comprado, la venderá inmediatamente porque su primer juicio fue erróneo. Ha ganado tanto dinero ahora que compra y paga diez mil lotes de participaciones accionarias, lo que en sí mismo es una prueba de lo que ha logrado».

Antes de seguir adelante, permíteme decir que no todos los hombres están adaptados al comercio de acciones. De hecho, muy pocos están adaptados para el trabajo si no se toma como un arte, un negocio, una profesión, o como quieras llamarlo. Una razón es que la mayoría de los hombres tienen una formación comercial, y esto les permite negociar activamente con valores. Uno de los peores operadores que he conocido fue un hombre que tuvo mucho éxito, de hecho, hizo una gran fortuna en los bienes raíces. Su método consistía en comprar terrenos en la periferia de la ciudad y venderlos cuando obtenía un beneficio importante. Aplicó este método a la bolsa de valores. El resultado fue que compró en todo tipo de mercados, y muy a menudo tenía que llevar los valores durante meses o años antes de que pudiera salir. No se dio cuenta de que la tendencia podría cambiar de dirección varias veces al año, y que hay que considerar las contracorrientes, que no están presentes en los bienes raíces.

El comerciante que compra sus productos al por mayor, sabiendo que hay un mercado establecido que le dará quizás un diez por ciento, de beneficio después de los gastos generales y de venta, también se ve perjudicado cuando viene a Wall Street. Una razón es que está acostumbrado a comprar antes de vender, *mientras que un hombre que opera con valores está listo y dispuesto a vender en corto con la misma facilidad que si comprara a largo plazo.* El comerciante está familiarizado con el mercado en su propio campo. Juzga ese mercado por la oferta y la demanda, y sus compras se hacen en consecuencia; pero en Wall Street no estudia la oferta y la demanda porque es un tema muy técnico y requiere prestar una especial atención durante varios años antes de que uno pueda dominarlo. Aun así, los mejores operadores y más experimentados tienen sus malos momentos y sus desafortunadas temporadas cuando el carácter del mercado se vuelve demasiado desconcertante o por alguna razón su juicio no está a la altura.

El fabricante vende en corto cuando recibe pedidos de productos que aún no ha fabricado. Cuando se da cuenta de que los pedidos de estos productos se acumulan, cubre sus transacciones en corto comprando la materia prima y, eventualmente, fabricando y entregando los productos acabados; pero cuando entra en el negocio de compraventa de valores, vender en corto es la última cosa que quiere hacer.

De esto se verá que es necesario un entrenamiento especial si se quiere evitar unirse a las filas de aquellos que se han enfrentado al enemigo y han sido derrotados.

Ten en cuenta que me refiero al negocio del comercio activo y no al negocio de invertir con éxito, que es una propuesta totalmente diferente, como se describirá más adelante.

Algunos de los principios que he encontrado ventajosos en el comercio activo son los siguientes:

EL FACTOR PRINCIPAL ES LA TENDENCIA. Si trabajas en armonía con la tendencia del mercado, tus posibilidades de éxito son tres o cuatro veces mayores que las que tendrías si te desvías de la tendencia. Es decir, si compras en un mercado alcista, la tendencia te dará, en circunstancias normales, un beneficio; pero si la tendencia del mercado es a la baja, y tomas una posición larga, la única manera de salir es en la recuperación accidental del mercado. Esta breve declaración cubre el punto tan bien como se podría hacer en muchos capítulos.

EL RIESGO DEBERÍA SER CASI LIMITADO. No solo la experiencia de aquellos cuyo comercio he observado, sino mi propia experiencia demuestra que cada vez que uno se aparta de este principio general está siendo llevado a graves pérdidas. La mejor manera de limitar el riesgo es adquirir el hábito de colocar dos o tres puntos de parada detrás de cualquier operación que se haga con el propósito de obtener un beneficio de las fluctuaciones.

Harriman mantenía que tres octavos de punto, o un punto, era suficiente; pero por supuesto él era originalmente un operador de parqué en la Bolsa de Valores de Nueva York. Los operadores más exitosos han seguido esta regla y su importancia no puede ser sobreestimada.

LAS GANANCIAS ANTICIPADAS DEBEN SER AL MENOS TRES O CUATRO VECES LA CANTIDAD DEL RIESGO. Debe esperarse que un porcentaje de tus transacciones muestre pérdidas. El operador debe aspirar a tener ganancias tan grandes en sus transacciones exitosas que las pérdidas y otros gastos le dejen todavía algo a deber. Los beneficios pueden ser protegidos a menudo moviendo las órdenes de parada hacia arriba o vendiendo la mitad del compromiso para rebajar el coste de la mitad restante. Muchos artículos sobre este tema han aparecido en volúmenes anteriores de *The Magazine of Wall Street*.

UNO DEBE SER CAPAZ DE NEGOCIAR LIBREMENTE EN AMBOS LADOS DEL MERCADO. Cualquiera que no sea capaz de hacer esto es mejor que se convierta en un inversionista en lugar de un operador, comprando en pánicos o en grandes caídas de tales valores que parecen estar vendiéndose por debajo de su valor intrínseco.

LAS TRANSACCIONES DEBEN EFECTUARSE EN LAS ACCIONES MÁS ACTIVAS. Para obtener un beneficio, una acción debe moverse. Una gran cantidad de dinero y muchas oportunidades son perdidas por los operadores que se mantienen atados a las acciones que son lentas en su movimiento. En una línea comercial, no llevarías mercancías en tus estantes indefinidamente, sino que mantendrías tus acciones en movimiento. En la negociación bursátil, ¡sigue moviendo las acciones!

DEBERÍAS HACER UN NEGOCIO BURSÁTIL O NO INTENTAR SER UN OPERADOR. No puedes tener éxito en el comercio más que en la minería, la fabricación, la medicina o cualquier otra cosa, a menos que estés entrenado para ello. Y por «entrenamiento» no me refiero a una pincelada ocasional. A propósito, a menos que estés exclusivamente adaptado al negocio, es mejor que te conviertas en un inversor inteligente en lugar de un operador poco inteligente.

E.H. HARRIMAN

Uno de sus principios era: «No me interesa el diez por ciento.
Quiero algo que crezca».

PARTE III

POR QUÉ NO TENGO MÁS QUE CIERTAS ACCIONES Y BONOS

Hay un viejo dicho: «Es más fácil hacer dinero que mantenerlo». No solo tengo como objetivo hacer dinero, sino mantenerlo y hacerlo crecer.

Esto último es a menudo el mayor problema de todos. Implica algo como una guerra de trincheras defensiva. Hay una línea trasera de inversiones sólidas, compradas principalmente por ingresos y cualquier aumento de capital que pueda resultar. Frente a esto está tu segunda línea de defensa contra la pobreza y la vejez, que consiste en valores comprados para obtener ingresos y beneficios. Al frente está tu línea de valores especulativos que manejas para ganar más terreno, sin perder el control de tu segunda y tercera línea de defensa.

Al elegir la mejor calidad de los títulos, considero seriamente cuestiones tan especialmente ventajosas como los pagarés de equipamiento. Se conocen como «garantía de empeño» porque generalmente se emiten para asegurar la compra de locomotoras y vagones en los que una empresa ferroviaria hace un pago del diez o veinte por ciento. El saldo de la obligación se paga en cuotas anuales que cubren diez, quince o veinte años. A medida que la obligación se reduce anualmente, la garantía para el equipamiento restante crece cada año más y más, en proporción al endeudamiento, de modo que, hacia el final del período de fideicomiso del equipamiento, el monto de la garantía en forma de material rodante aumenta a muchos cientos por ciento, de la cantidad que queda por pagar. Por consiguiente, los fideicomisos de equipamiento deben considerarse como medios de inversión de primer orden.

A pesar de las muchas dificultades que rodean la construcción y el desarrollo de los ferrocarriles americanos, creo que apenas hay un caso en el que se hayan incumplido los bonos de equipamiento. Por lo tanto, tales emisiones se adaptan bien a la protección final de la fortaleza de inversión.

Otra línea de títulos que generan ingresos y que yo prefiero con frecuencia se encuentra en las numerosas emisiones de pagarés a corto plazo que son excelentes medios para los fondos que se están reservando para fines específicos, y que se requerirán en una fecha determinada. Encuentro que su rendimiento suele ser más liberal de lo que uno esperaría, considerando el carácter de las compañías que emiten estos pagarés y el rendimiento de sus otros valores. Debido a los caprichos del mercado de inversiones, a menudo he encontrado gangas en los pagarés, especialmente los que eran convertibles en otros valores. Pero hay que ser muy cuidadoso en la selección de estos, ya que cualquier duda sobre la capacidad de una empresa para cumplir con sus obligaciones surge a medida que se acerca el vencimiento de sus pagarés a corto plazo.

Cuando se trata de inversiones seguras en bonos, generalmente estoy a favor de las propiedades cuya promesa de pago sea absolutamente sólida, pero cuya seguridad esté fuera de toda duda, y si es posible, también me gustan los grandes patrimonios de activos del tesoro, como en el caso de Union Pacific, las tierras petroleras y otras subsidiarias como en el caso de Southern Pacific, las participaciones en sistemas ferroviarios afiliados, como en la tesorería del ferrocarril de Pensilvania, etc.

Mi objetivo al ganar dinero en valores es tener más dinero para invertir. Cuando gano dinero en el mercado, no considero que sea un medio para operar de manera más amplia, sino que considero los ingresos que ese dinero producirá, no solo los ingresos inmediatos, sino también lo que además podría rendir del aumento del capital si el dinero inicial se invierte adecuadamente.

Hace mucho tiempo adopté en gran parte el principio de Harriman que era: «No estoy interesado en el 10 %. Quiero algo que crezca». Y así, al seleccionar los valores, trato de elegir aquellos que tienen no pequeñas sino grandes posibilidades.

Hay varios tipos de inversores. Algunos quieren los bonos de mayor grado, aunque el rendimiento de sus ingresos sea pequeño. Otros quieren acciones preferentes que rindan entre el 6 % y el 8 %, y que, a diferencia de los bonos, nunca vencen, y pagan sus dividendos indefinidamente, ¡si se seleccionan adecuadamente! A continuación, vienen los inversores que están dispuestos a comprar la mejor clase de acciones ordinarias en un esfuerzo no solo por asegurar los dividendos, sino por ver que su capital aumenta de valor, y se satisfacen con un beneficio moderado.

Con la mayor parte de mis fondos disponibles, invierto de una manera algo diferente, dándome cuenta de que el número de años en los que un hombre puede operar con éxito es limitado. Quiero poner tanto dinero como pueda en canales de inversión donde crezca rápidamente para poder poner el incremento a trabajar de nuevo sobre la misma base.

Al estar cerca de la sede de operaciones en el distrito financiero, veo demasiadas oportunidades de inversión rentable y de aumento del capital como para permitir que cualquier cantidad sustancial de dinero permanezca parado. Aunque siempre tengo una cierta cantidad de dinero en inversiones de alto grado, no he alcanzado la edad o la etapa en la que pienso más en los ingresos que en el aumento del valor principal. A medida que envejezca, sin duda aumentará la proporción de valores comprados por ingresos, pero a los 46 años, como dicen las compañías de seguros, considero que, en mi caso particular, es demasiado pronto para que me convierta en un recortador de cupones crónico.

Sin embargo, los valores y los cupones de alto grado son el medio adecuado para la mayoría de los que leen este libro, con énfasis para aquellos que no son expertos en distinguir las inversiones y oportunidades reales. Ellos deberían permanecer solo en la etapa de ingresos, hasta ahora en lo que respecta a la mayoría de sus fondos.

Si bien hay temporadas ventajosas para ciertas operaciones en la bolsa de valores, y aunque estas temporadas pueden parecer a menudo muy largas, solo hay que mirar el registro de las fluctuaciones de los bonos de alto grado para saber que de vez en cuando están en el mostrador de ofertas. Diciembre de 1919 fue una de esas veces, y yo no estaba ciego ante el hecho. En efecto, rara vez se puede asegurar la vieja línea de los bonos ferroviarios a los precios que se podían obtener entonces, y con un plazo tan largo de años hasta el vencimiento. En la creencia de que mis lectores inversores pueden estar interesados en saber qué factores me convencieron de que los bonos eran «demasiado bajos» en ese momento, adjunto un análisis de la situación financiera como lo escribí, y que fue publicado en los artículos de *The Magazine of Wall Street*.

Aunque siempre es el momento de comprar valores solo para obtener ingresos, cuando se pueden tener a una tasa de interés satisfactoria para el comprador, este parece ser un momento adecuado, y a menos que ocurra otro cataclismo mundial, una repetición de esta situación puede no verse hasta dentro de diez o veinte años.

En años anteriores, los ferrocarriles eran los únicos medios para invertir en bonos de forma segura; pero hoy en día tenemos una gran variedad de hipotecas industriales y de otro tipo que ofrecen igual o mayor seguridad, y en muchos casos un mayor rendimiento neto.

Estos son tiempos en los que un hombre está justificado para cargar con estos valores de alto grado, es decir, comprar el doble de lo que quiere mantener permanentemente. Esto lo puede hacer fácilmente comprando y pagando solo la mitad de la cantidad que compra, llevando los valores a su banco, y pagando gradualmente la liquidación con los ingresos. No importa si estos ingresos provienen de estas inversiones o de su propio trabajo u otras fuentes externas. Cualquier banco con el que hayas tratado estará encantado de concederte este acuerdo; de hecho, aumentará el respeto del banco por tu decisión.

La época actual (diciembre de 1919) ofrece una rara oportunidad. Una operación de este tipo debería producir no solo un beneficio sustancial sobre la cantidad extra que ahora adquiere, sino que este beneficio aplicado a la reducción del coste del saldo de los bonos que ahora adquiere, mejorará de tal manera los ingresos netos de toda la operación que esta oportunidad nunca debería ser pasada por alto.

Nunca antes los bonos de alto grado, legales para las cajas de ahorros en el estado de Nueva York, se habían vendido tan bajos como a finales de 1919. Un vistazo a la lista muestra que muchas de las principales emisiones se están vendiendo entre diez y veinticinco puntos por debajo de sus precios más altos de hace dos años. Tomemos las inversiones de la vieja línea como Union Pacific 1st 4s, que tienen veintisiete años para ejecutarse, y que se venden a un 5,25 %; Southern Pacific Ref. 4s de 1955, con un 5,45 % neto; Norfolk & Western consolidada 4s, 1996, 5,23 %; Louisville & Nashville oro 5s de 1937, 5,09 %; Chicago & Northwestern general 3½s de 1987 con un 5,26 % neto; Burlington general 4s de 1958, con un 5,43 % neto. Todos estos son bonos que se recuperarán bruscamente en su precio tan pronto como la situación monetaria cambie definitivamente, y se haya visto el límite de las emisiones de los gobiernos extranjeros.

El 4 % de los bonos de la Union Pacific de 1947, que se venden alrededor de 82, están unos 18 puntos por debajo de su precio de mercado de hace dos años, y solo hay que esperar a que cambien las condiciones para ver que un bono de este tipo suba a su nivel natural. Si esto ocurriera en tres años, el aumento medio del valor sería del 6 % anual, lo que, sumado al casi 5 % de rendimiento actual de la inversión, debería significar un rendimiento anual de alrededor del 11 %. Si tal avance se desempeñara durante cinco años, el retorno sería del 8 %. Estas cantidades significan *oportunidad*.

Un campo que siempre me ha atraído, ha sido el de las acciones bancarias, y las razones fueron expuestas muy claramente en una serie de artículos sobre este tema que aparecieron en *The Magazine of Wall Street*.

Al seleccionar los valores de los bancos y otras instituciones financieras, uno está en la misma posición que la persona que conduce un automóvil. Normalmente, tienes tres velocidades en tu caja de cambios. Puedes ir despacio en el primer cambio de marchas, o un poco más rápido en el segundo, o muy rápido en el «más alto». La institución que hace un negocio bancario a la vieja usanza puede compararse con el primer cambio de marchas. Haces progresos dentro de un cierto radio, pero cuando un banco adquiere un departamento fiduciario, o tienes una estrecha afiliación con una compañía fiduciaria, haciendo que las dos partes sean una sola institución, puedes ser considerado que estás viajando con la segunda marcha. Pero hay todavía otro tipo de institución que incluye lo anterior y abarca una función adicional que en el distrito financiero es muy ventajosa para el accionista. Me refiero a un banco que posee o está afiliado con una «compañía de valores» con el propósito de garantizar y llevar a cabo operaciones sindicadas y de inversión en valores, que son, por supuesto, muy rentables.

He estado comprando más de una docena de acciones de instituciones financieras de Nueva York. Las puse bajo la custodia de una compañía fiduciaria, separadas de cualquier otro valor, para que los dividendos, derechos y distribuciones de las acciones se pagaran en esta cuenta y se reinvirtieran en la misma clase de valores. Mi observación ha demostrado que, para obtener el mayor beneficio de las inversiones en acciones bancarias, uno no debe gastar los ingresos derivados de ellas, ni vender sus derechos, ni vender las distribuciones de acciones que se dan, porque estas con el tiempo generan otros beneficios de la misma clase, y esta segunda generación da a luz a una serie sucesiva de hijos y nietos, que eventualmente generan una cantidad muy sustancial tanto de ingresos como de capital.

Al depositar estos valores en la compañía fiduciaria para su custodia y reinversión, le dije al responsable de la institución que esta cuenta estaría endeudada la mayor parte del tiempo, porque compraría antes de los ingresos y esperaría que la compañía fiduciaria prestara el dinero necesario para ese fin.

Durante la última parte de 1919 se desarrollaron dos de estas oportunidades: los directores de Bankers Trust Co. recomendaron un aumento del capital social de 15.000.000 a 20.000.000 de dólares, ofreciéndose las nuevas acciones a los accionistas a un precio de 100 $ por participación. Esto es sobre la base de una participación accionaria nueva por cada tres participaciones de las antiguas. Al tener participaciones de Bankers Trust, que costaban cerca de 485 $ por participación, tenía derecho a suscribir una nueva acción a 100 $, lo que redujo el coste medio a unos 389 $ por participación.

Con el tiempo, estas nuevas participaciones producirán otros dividendos en participaciones, derechos o dividendos en efectivo, de modo que, con el tiempo tendré una cantidad considerable de acciones de Bankers Trust Co. Mediante la reinversión de los ingresos, sea cual sea la forma en que se distribuyan, el coste de estas acciones de Bankers Trust Co. se reducirá a un precio muy bajo.

Otro caso de este tipo apareció no hace mucho tiempo en forma de una notificación enviada a los accionistas del Banco Nacional Chase, que compré a unos 675 $ por participación. Se pedía a los accionistas que votaran sobre un aumento del capital social del banco de 10.000.000 a 15.000.000 de dólares, con un aumento proporcional de las participaciones de la Chase Securities Co., que está afiliada al banco. Se permitiría a los titulares suscribir una nueva acción del banco y una nueva acción de la Sociedad de valores, por cada dos acciones antiguas de la misma que tuvieran antes del 26 de diciembre de 1919. El precio de suscripción era de 250 $ por una acción del banco y una acción de la Sociedad de valores. No tengo ninguna duda de que con el tiempo el valor de todas estas acciones, es decir, las nuevas, que he comprado, y las antiguas que venderán exderechos, se recuperarán al precio que pagué por las antiguas, que era de 675 $ por acción. Esto significa que tengo fe no solo en estas y otras instituciones bancarias en las que me he convertido en accionista, sino en el hombre que está detrás de ellas, y en el futuro de la ciudad de Nueva York como centro bancario mundial.

Estimo que la rentabilidad media en un período de años, teniendo en cuenta los derechos, beneficios, distribuciones regulares y extra de dinero en efectivo, etc., en las principales emisiones es algo más del 12 % anual. A este ritmo, mi inversión debería duplicarse en un período de entre seis y siete años, permitiendo la reinversión de todos los dividendos de todo tipo en la misma clase de valores.

El pequeño porcentaje de fracasos entre las instituciones bancarias, ahora que están bajo un control tan rígido de las autoridades federales, hace que sus valores se adapten al inversor conservador que busca mejorar sus ingresos y su seguridad. Mi propia selección incluyó una mayor proporción de participaciones en aquellas instituciones que tienen empresas de valores adjuntas, porque estas combinan dos empresas en una, y en todos los casos se están llevando a cabo resultados altamente rentables para los accionistas.

Esto de tomar una cantidad de dinero y ponerla en un determinado campo sin retirar los ingresos, pero con la intención de beneficiarse de su crecimiento, puede ser seguida a cualquier grado que el inversor desee. Puede empezar con una participación de un banco, o cualquier otro tipo de acción o bono. Es una operación de inversión, pero se realiza para obtener ingresos y beneficios, no con la idea de derivar o retirar esos beneficios, sino para hacerlos rendir en sumas adicionales para la inversión. Es muy parecido a una cuenta de ahorro para el hombre que tiene una pequeña cantidad de dinero. Recuerdo con mucho orgullo cómo abrí mi primera cuenta de ahorro con un billete de cinco dólares (porque el banco no abriría una cuenta de ahorro por menos), y cuánta satisfacción obtuve al poder añadir más billetes de cinco y diez dólares.

El hombre o la mujer que se vea obligado a retirar sus intereses o, en caso de un día lluvioso, a destruir una parte del capital, se verá perjudicado en una operación de este tipo, pero el objetivo debe ser el de suplir estas deficiencias cuando los cielos vuelvan a estar caros y mantener los gastos dentro de los límites para que las adiciones hechas anualmente aumenten rápidamente el poder de ganancia del capital.

D. VIADUCTO TUNKHANNOCK DE L&W

Mostrando la topografía sobre la que ha triunfado el
Lackawanna y típica de la inmensa inversión inmobiliaria que
representan las acciones.

PARTE IV

DESENTERRANDO OPORTUNIDADES DE GANANCIAS

Cuando compro bonos y otros valores de alto grado para obtener ingresos y beneficios, prefiero aquellos que, por razones especiales, se adaptan bien a mi propósito.

En primer lugar, considero aquellos que se venden por debajo de su valor intrínseco, basado en las características de los valores. En tal caso no pongo demasiado énfasis en el rendimiento de los intereses, aunque en algunos casos es grande. Sin embargo, la cuestión de la comerciabilidad es importante para mí, porque prefiero las cuestiones que se pueden convertir instantáneamente en dinero en efectivo. La razón de esto es que siempre deseo estar en posición de aprovechar una amenaza de pánico o una oportunidad de negociación, y mientras observo el mercado y la situación general muy de cerca, a menudo detecto signos que pueden indicar problemas y me preparo para ellos.

En el caso de ciertos bonos del 5 % que tengo, estos están bien asegurados, ganando un gran superávit, que por una u otra razón está oculto. Al venderse alrededor de 60, los ingresos son muy grandes si se calculan hasta el vencimiento, pero al seleccionar este bono, yo tenía más en cuenta la probabilidad de que el público inversor despertara su valor real y fijara su precio al alza en veinte o veinticinco puntos dentro de los próximos dos o tres años. En caso de un avance a 85 dentro de tres años, habría alrededor de un 8 % de beneficio por año, que se añadiría al rendimiento fijo del bono. Un bono del 5 % a 60 años, produciría un 8 %, sin tener en cuenta la reinversión de los ingresos. Si, además de esto, realizo otro 8 % en tres años, el ingreso más la ganancia sería del 16 % anual.

Una clase de bono que siempre tengo a favor, es el convertible. Las ventajas de los bonos convertibles han sido descritas con demasiada frecuencia en artículos anteriores de *The Magazine of Wall Street* como para que sea necesario repetirlas aquí, pero si uno hiciera un estudio persistente de estas emisiones convertibles, encontraría cada año nuevas oportunidades para hacer *inversiones crecientes*. Todo lo que sea un poco complicado para el inversor promedio es propenso a ser descuidado y pasado por alto. Para conseguir los mejores resultados uno debe estar familiarizado con los tecnicismos de muchos tipos de bonos convertibles y con las condiciones que se emiten. En algunos casos es necesario averiguar qué se puede hacer con estas cuestiones.

Para mi propia inversión rara vez me atraen los bonos convertibles, únicamente desde el punto de vista de los ingresos, sino solo cuando veo posibilidades en los valores en los que son convertibles. En 1918 compré 100.000 $ de un cierto bono convertible porque vi grandes posibilidades futuras en las acciones en las que eran convertibles a la par. En ese momento las acciones se vendían cerca del precio de los bonos, es decir, alrededor de 90. La observación del movimiento de los bonos durante el período de debilidad de las acciones me convenció de que los bonos no bajarían mucho, aunque las acciones se desplomaran diez o quince puntos, porque el valor de inversión de los bonos los mantenía a un nivel en el que el retorno de los intereses para el inversor aportaba la compra suficiente para mantener el precio de mercado. Al comprar los bonos convertibles tendría algo de lo que no tengo que preocuparme, y estaba seguro de que, si el público inversionista se daba cuenta del valor intrínseco de las acciones, mis bonos convertibles seguirían a las acciones al alza.

*Esto lo encuentras en «Bonos Convertibles», de Rollins, precio 3 \$, neto.

Esto es exactamente lo que pasó. Algún tiempo más tarde, las acciones subieron veinticinco puntos y los bonos se mantuvieron un poco por encima, hasta que un día los bonos se vendieron a un precio más alto que las acciones que yo vendí y en su lugar compré acciones, rebajando así el coste de mis bonos en una cantidad que representaba la diferencia entre el precio de los dos valores.

Por cierto, esta reducción del coste es un factor muy importante a la hora de hacer inversiones, lo tengo siempre presente. Todo inversor debe recordar que al vender una parte de sus activos con un beneficio está reduciendo el precio de saldo. Es una buena práctica. Lo detallaré más adelante.

Naturalmente, al negociar como lo hago yo, con todo tipo de valores, hay un buen número de razones para que compre una acción.

En 1913 o 1914 escribí una serie sobre: «¿Qué tipo de acciones son las mejores?». Esto se hizo tanto para mi propia información como para mis suscriptores, y ya que estoy en este tema me gustaría decir que tomo de mi propia medicina. Al buscar en la bolsa de valores tengo un doble propósito, a saber, encontrar oportunidades de inversión para mi propio dinero y contárselas a mis suscriptores. Me imagino que lo que es bueno para mis suscriptores, también lo es para mí. Al mismo tiempo, quiero decir que, a veces cometo errores; también lo hace todo el mundo, sin importar cuánto tiempo haya estado en su sector.

Mi objetivo constante es mostrar a mis lectores, directamente o entre líneas, cómo pueden ser capaces de juzgar por sí mismos. Como dijo una vez un autor desconocido para mí: «Hay hombres que no tomarán ninguna iniciativa bajo su propia responsabilidad, que no emprenderán nada sin consultar a otros sobre la viabilidad de las estrategias y planes que tienen en mente. Cuando un hombre confía más en otro que en sí mismo, tiene la intención de perder toda su fuerza de voluntad y convertirse en un simple dependiente, esperando órdenes sobre la dirección de un valor en particular. Es imposible que un hombre así se lleve bien con el mundo y tenga éxito en su propia vida. Cuando se presenta una oportunidad, tiene miedo de aprovecharla sin pedir la opinión de su vecino».

Así que lo que yo y mi personal tratamos de hacer es que nuestros lectores piensen, planifiquen, y lleven a cabo su campaña en el ámbito de la inversión como lo hacen en su propio negocio. Este fue uno de mis propósitos al escribir la serie: «¿Qué tipo de acciones son las mejores?». A medida que esos artículos avanzaban, indicaban que las existencias de las cadenas de tiendas y correos eran, en muchos aspectos, mejores que las de otros grupos líderes como el acero, el cobre, el ferrocarril, el teléfono, etc., siendo la razón principal que estas empresas estaban revirtiendo más de sus ganancias en su negocio que cualquier otro grupo individual.

Así que compré Sears, Roebuck & Co., porque su historia muestra que cada tres o cuatro años se declara un dividendo en participaciones. Esta ha sido la práctica de la compañía durante muchos años. Con este método Sears, Roebuck & Co. mantiene el efectivo en su negocio y lo utiliza para una expansión sana y rentable. El accionista que posee cien participaciones recibe veinticinco o treinta y tres participaciones accionarias nuevas, que se suman a sus ingresos sin reducir el capital de trabajo de su empresa. Estas veinticinco o treinta y tres participaciones adicionales, producirán en los años siguientes, probablemente otras seis u once participaciones y estas, a su vez, generarán otros pequeños dividendos en participaciones, que, sumados a las participaciones iniciales, deberían duplicar con el tiempo la cantidad de los activos de un inversor, sin que este tenga que invertir más dinero en efectivo.

La compra de acciones ferroviarias como Delaware, Lackawanna & Western es una que hice por una razón completamente diferente. Su rendimiento de dividendos no me atrajo, pero habiendo estado en la propiedad me di cuenta de la enorme cantidad que se había gastado en mejoras importantes. Se cita a un funcionario diciendo que han invertido en carreteras y equipos, dinero para gastos que podrían haberse aplazado fácilmente durante veinte o veinticinco años. Se puede decir: «Es una extraña razón para invertir en una acción ferroviaria cuando la situación del ferrocarril es tan desfavorable». Pero déjame decirte que cuando compras una compañía como esa, con enormes acciones hundidas como resultado de operaciones exitosas del pasado, eventualmente verás un mayor retorno, porque uno de estos días los ferrocarriles, incluyendo Lackawanna, volverán a tener éxito.

Lackawanna, a finales de 1918, tenía un superávit de pérdidas y ganancias de 57.247.984 $ contra un total de acciones en circulación de 42.277.000 $. En junio de 1909, declaró un dividendo en efectivo del 50 % de su excedente, y un dividendo en efectivo del 15 %. En noviembre de 1911, declaró un dividendo en efectivo del 35 %, pagadero en acciones del ferrocarril Lackawanna de Nueva Jersey. El equipo tiene solo 980 millas de largo, pero es el más potente entre los ferrocarriles. Desde 1906 hasta el presente, 160 es lo más bajo que se ha vendido. En mayo de 1919 llegó a 217. Por lo tanto, cuando en octubre de 1919 vi que bajaba a unos 180 en una amenazante huelga del carbón, la consideré barata, y si siguiera bajando, la consideraría una auténtica ganga.

La historia de Wall Street muestra que los valores llegan más a menudo a su punto más bajo cuando algún peligro o desastre se ve *amenazado*, que cuando se producen estos incidentes, y el hecho de que el punto más bajo se produzca justo antes, o en el momento en que el evento realmente se produce, es: para entonces, todo aquel que esté sujeto al miedo a lo que pueda pasar, se habrá quedado fuera del mercado. Cuando este evento ocurre, no hay más liquidaciones, y el precio se dispara a corto plazo, o bien en la demanda de inversión creada por la mejora de la situación.

Fue por estas razones que compré las acciones de la compañía de ferrocarriles de Delaware, Lackawanna & Western.

Hablando de acciones caras como Sears, Roebuck, Lackawanna y otras, hay una razón muy importante por la que son más baratas que las acciones de muy bajo precio. Muchas de las participaciones que se venden a los 10, 20 y 30 años representan muy poco poder adquisitivo. En muchos casos, solo el uno o el dos por ciento, se gana en estas últimas emisiones, con pocas o ninguna perspectiva de dividendos. Las acciones que pagan entre el 5 y el 8 % oscilan entre 60 y 100 dólares por participación. Sobre esta base, una acción que pague el 1 % podría valer de 12 a 20 dólares. Esto indicaría que un no pagador de dividendos vale entre nada y 12 $. Todo lo que está por encima de eso es capitalizar la esperanza.

Sin embargo, hemos visto a muchos no pagadores de dividendos vender a todo tipo de precios antes de su declaración inicial. Por ejemplo, American Can se vendió hace poco a 68 sin haber pagado nunca un dividendo. Brooklyn Rapid Transit, en 1899, se vendió, como no pagador de dividendos, en 137; no hizo su primer reparto de dividendos hasta diez años después.

Pero si tomas las acciones que se venden entre 200 y 400 dólares por participación y al alza, en épocas normales generalmente te encontrarás con valores intrínsecos, perspectivas de futuro, o poder de ganancia, o todo combinado, que justificarán estos precios. La mayoría de las acciones con precios muy altos tienen valores ocultos que pueden no beneficiar a los accionistas de inmediato, pero que trabajan para ellos de la misma manera. Estos factores pueden no interesar al hombre que hoy está largo y mañana corto, pero sí al inversor permanente que tiene la mirada puesta en el desarrollo de la empresa y el futuro crecimiento de varias industrias y del país en general. Es por eso por lo que estoy a favor de las acciones más caras en lugar de las emisiones especulativas de muy bajo precio.

PARTE V

ALGUNAS EXPERIENCIAS EN LA EXPLOTACIÓN MINERA

EL inversor que siempre elija valores de empresas que reinviertan los beneficios constantemente en sus propiedades, difícilmente se equivocará, pero debe estar alerta para notar cualquier cambio en la política debido a la modificación de las condiciones, o para que el control de la propiedad pase a otras manos. El transporte ferroviario de Nueva York, New Haven & Hartford fueron anteriormente un ejemplo de gestión progresista y conservador y durante muchas décadas fueron considerados como inversiones de alto grado. Pero llegó el momento en que una política de expansión llevó a New Haven a la ruina. De esto hubo muchas señales, especialmente cuando el carácter persistente de la liquidación indicaba que algo iba mal.

Carnegie dijo: «Pon todas las fichas en juego». Yo distribuía mis fichas y las ponía en juego.

Nunca te cases con ningún valor. Puede que lo tengas bien cubierto, pero no hay razón para no renovar tu lista de vez en cuando repasando y considerando cuidadosamente lo que tienes y si algo más no funcionaría para tu beneficio. Me he dado cuenta de que obtengo mejores resultados considerando cada inversión como una pequeña empresa independiente. Cuando compro un valor, pienso que, aunque como titular de bonos soy un acreedor y mi dinero está asegurado, esto no es cierto cuando me convierto en accionista. Eso me convierte en un socio de la empresa y como tal, quiero ser un socio activo, no uno inactivo; porque si no cuido mis propios intereses nadie más lo hará.

Eso explica una de las razones por la que me gusta asociarme con gente de clase alta en todos los aspectos, porque sé que no se pasan las noches en vela planeando formas de quitarnos el dinero a mí o a los demás accionistas. Posiblemente ningún jefe de empresa esté libre de críticas, pero cualquiera que ponga sus dólares en empresas como U. S. Steel, Bethlehem Steel, General Motors, General Electric y otros líderes en la industria y las finanzas, puede estar seguro de que estas empresas están siendo dirigidas por el tipo de capitanes industriales de más alto rango que están decididos a hacer que sus empresas sean rentables para los cientos de miles de grandes y pequeños accionistas.

«Elige tu empresa» es, por lo tanto, una norma buena para el inversor.

Solía haber una banda de bandoleros operando aquí en Wall Street y usando las participaciones principales ferroviarias e industriales como tijeras con las que separaban al público de su dinero, pero ese día está pasando rápidamente. Los líderes de las finanzas aprendieron hace tiempo que podían hacer más dinero con el trato justo que de cualquier otra manera. Sin embargo, creo que vale la pena ser incrédulo hasta que se convenza por el historial de los directivos de que están trabajando en su interés y no en el de ellos.

Para mi propio beneficio, así como el de cada lector de *The Magazine of Wall Street*, estoy investigando estos factores esenciales más que nunca. No basta con saber que un cierto desarrollo está indicado por los hechos y condiciones superficiales;

quiero ir a la raíz de todas las cosas y averiguar por qué. Por esta razón empleo investigadores, abogados, ingenieros de minas y de petróleo. Envío a gente a diferentes partes del país para saber el conocimiento local y todos los ángulos de una propuesta.

Después de emplear a un ingeniero, a veces envío a otro para que lo revise. Puede que cueste unos miles de dólares, pero cuando se invierte dinero real en una empresa nunca se está demasiado seguro, y nunca se investiga demasiado a fondo. No hace mucho tiempo me propusieron dos empresas mineras, que en un examen superficial se veían bien. Me costó dos mil dólares hacer que examinaran estas propiedades, y gracias a los informes del ingeniero las rechacé. En un caso, la mina resultó mejor de lo que se me representó en un principio. Una o ambas propiedades podrían convertirse en grandes empresas mineras, pero teniendo en cuenta todos los hechos, llegué a la conclusión de que no eran lo suficientemente buenas para que invirtiera en ellas.

Aunque el informe de un ingeniero no es de ninguna manera una garantía sobre una propiedad, es cien veces mejor tener una opinión experta que tomar una opinión propia o la de algún otro lego, sin embargo, la parte peculiar de la minería es que, aunque los ingenieros más destacados puedan dar un informe contrario sobre una propiedad, esta puede acabar engañándoles.

Tengo una gran fascinación por la minería. De hecho, lo que salía de la tierra siempre fue de peculiar interés para numerosos miembros de la familia Wyckoff. Los Wyckoff originales, después de aterrizar en Nueva York a principios de los 1600, tenían a su cargo la finca de Peter Stuyvesant, que estaba situada en el centro de Nueva York, donde ahora se encuentra el edificio de la Terminal de Hudson. Su descendiente, mi abuelo, que organizó la Hanover Fire Insurance Co. y fue uno de los intereses originales del Banco

Nacional de Hanover, también estaba profundamente interesado en la minería. Inventó un proceso de extracción en los años 50 y extrajo oro con éxito en el Estado de Virginia antes y durante la Guerra Civil, cerca de donde se libró la Batalla de la Espesura.

Si tuviera que volver a planificar mi carrera empresarial, me inclinaría por la ingeniería minera, ya que es una profesión interesante; pero al visitar numerosas propiedades mineras y observar los métodos de los ingenieros y las condiciones difíciles que a menudo prevalecen en las diferentes minas, puedo ver fácilmente cómo la Naturaleza puede engañar a los mejores de ellos. Por esa razón nunca me meto en una empresa minera a menos que esté dispuesto a perder cada centavo que pongo en ella.

Pero hay muchas maneras en las que incluso un lego puede poner en jaque a una persona tan imponente como el ingeniero de minas. He ganado mucho dinero con las acciones mineras, y espero ganar mucho más porque he aprendido mucho hasta ahora y utilizaré los conocimientos que tengo para aprovecharlos mejor en el futuro.

En primer lugar, quiero saber quiénes son los interesados que están detrás de la mina. ¿De quiénes son los dólares que están junto a los míos? ¿Tienen un historial de éxito en el desarrollo de otras empresas mineras? ¿Qué errores han cometido? ¿Se engañaron a sí mismos o engañaron a los accionistas? ¿En qué línea se está procediendo el trabajo de desarrollo ahora? ¿Está la empresa debidamente financiada? ¿Cuál es el carácter y la reputación del ingeniero que está guiando el trabajo de desarrollo? ¿El metal o el mineral que están produciendo ofrece un mercado ventajoso ahora y en todo momento? Si se trata de una mina de oro, plata o cobre, ¿cuál es el panorama de esos metales? ¿Se están perfilando las condiciones futuras de tal manera que la mina pueda considerarse más o menos como una manufactura y, por lo tanto, una propuesta de inversión? ¿Se agotará el mineral de la naturaleza en unos pocos años o existe un determinado yacimiento de valor comprobable que puede ser perforado con diamantes y cuyo valor se puede estimar? En estas condiciones, ¿cuál es la vida probable de la mina y la ganancia estimada por participación durante ese período? Estas y otras docenas de preguntas son las que me hago a mí mismo y a otros antes de poner mi dinero en una propiedad.

Algunas minas son altamente especulativas; otras están en la etapa de inversión o se acercan a ella. Mi problema es subir a bordo de la mejor de ellas antes de que lleguen a una etapa en la que la mejor parte se desaparezca. En otras palabras, quiero un pedazo del pastel, y para conseguirlo tengo que ir a menudo temprano y permanecer en la acción minera durante mucho tiempo antes de que el proceso de distribución pueda llevarse a cabo.

A veces, entro en una acción minera para obtener una ganancia de las fluctuaciones del precio de mercado, y otras veces para sacar mi ganancia de la tierra. Para ilustrar este punto explicaré una operación en Magma Copper, cuyas acciones he mantenido en cantidades importantes durante más de cuatro años.

Un día estaba yendo al centro cuando un amigo que conocí me dijo que había «algo que hacer» con Magma, y me sugirió que lo viera. Lo observé, y me di cuenta de que la estaban comprando cuidadosamente. (Siempre pongo más énfasis en la acción del mercado que en lo que dicen los demás). Según recuerdo, las participaciones salieron a unos 12 $ cada una, subieron a 18 $, y luego se vendieron a unos 15 $. Cuando él me dijo esto, las acciones estaban en 20 $, lo que indicaba que nuevas influencias estaban en juego.

Decidí comprar 200 participaciones y esperar a que se produjeran más acontecimientos. El precio se mantuvo en torno a la misma cifra durante uno o dos días, cuando de repente mi corredor de bolsa me llamó y me dijo que había una oferta por Magma en 21 $, por lo que inmediatamente le di la orden de comprar a precio de mercado 500 participaciones. Tuvo que pagar 22 por algunas de ellas. Entonces compré otras 500 participaciones, que me costaron un punto más o menos. Como siempre me gusta comprar algo que es «difícil de adquirir», el movimiento de esta acción me gustó mucho, especialmente porque esa noche cerró alrededor de 28 $ o 29 $.

Entonces me puse a averiguar de qué se trataba, y me enteré de que el tipo de material que había sido descubierto en Magma era de tal magnitud que, si estaba presente en gran cantidad, la mina sería una de las más importantes de este país, ya que entonces los iniciados considerarían que valdría 200 $ por participación. Así que se lo conté a mis amigos.

Sin duda, las tiendas de cubos tenían una gran escasez de esta acción, porque cuando la compra compulsiva continuó, el precio subió rápidamente, hasta que en unas tres semanas se vendió a 69, y obtuve unos 55.000 $ de ganancias en mis 1.200 participaciones.

¿Tomé esta ganancia? No lo hice. No me metí en ella por esa cantidad de dinero. ¿Me han criticado por no tomarla durante el tiempo que las acciones se han movido de un lado a otro entre 25 y 55 durante los últimos cuatro años? ¿Por qué no la tomé? Te lo diré: Porque cuando compré esas acciones resolví que se ganaría más dinero con la mina que con las fluctuaciones, a menos que alguien mintiera. Y siguiendo mi costumbre de estar preparado para la pérdida de lo que pusiera en cualquier mina, decidí quedarme con mi inversión de 23.000 $ en Magma hasta que se demostrara que era auténtica o una falsa.

Ha demostrado ser auténtica, y aunque la acción se vende hoy en día por solo la mitad de su precio más alto de 69, no solo tengo la misma opinión de su futuro como se indicó en 1915, sino que tengo muchas, muchas más razones, para creer en la solidez de la empresa.

La compañía minera Magma Copper tiene una capitalización de 1.500.000 $ autorizados, y 1.200.000 $ de acciones en circulación de 5 $ por valor. Siendo solo 240.000 participaciones, un precio de 35 $ representa un valor de mercado de 8.400.000 $. El principal interesado es el coronel Wilzam B. Thompson, quien, en los últimos doce o quince años, ha ganado más millones en valores mineros que cualquier otro hombre de Wall Street.

Desde que se descubrió el valor real de la propiedad, el Sr. Thompson y sus amigos han ido acumulando participaciones de Magma, hasta que ahora, de las 240.000 participaciones, no hay más de 20.000 participaciones en manos del público. ¿Cómo sé esto? Porque me he tomado la molestia y el gasto de comprobarlo desde varios ángulos. No me fío de la palabra de nadie; he visto los *hechos*, no solo desde el punto de vista de Wall Street. Hace unos meses visité la propiedad, y con mi ingeniero de minas bajé al nivel de 1.400 pies. Vi entre un 40 % y un 60 % de bornita a mí alrededor en algunos de los túneles y cortes transversales. La propiedad se está desarrollando a una escala tremenda, y ahora que su nuevo pozo se ha completado, está lista para la producción en masa. Sus valores de plata y oro reducen tanto el costo de su cobre, que es uno de los productores con el precio más bajo en este país hoy en día. Y abajo hay un mundo de mineral.

Los que mejor conocen al coronel Thompson dicen que nunca venderá sus participaciones de Magma. Por mi parte, tengo la intención de esperar hasta que lo vea empezar a distribuir, y entonces ellos podrán tener la mina.

Los críticos dirán: «Está tratando de impulsar Magma, para poder venderlas». Déjalos que critiquen. No me importa si alguien que lee esto compra participaciones de Magma o no. Tampoco hay diferencia entre el coronel Thompson, yo, o mis amigos y suscriptores que han comprado la acción basándose en lo que han leído en *The Magazine of Wall Street*, y que tienen la mayoría de las 20.000 participaciones a las que me he referido. Todo lo que quiero decirte es: aguanta, y no te arrepentirás. En cuanto a los parásitos profesionales y los críticos autoproclamados, permítanme llamar su atención sobre el hecho de que hablo, escribo, investigo, opero e invierto en casi todos los valores de la Bolsa de Nueva York y fuera de ella en un momento u otro. Por lo tanto, las críticas pueden prepararse con antelación y estar ordenadas alfabéticamente para poder acceder a ellas con facilidad y rapidez cuando se necesiten.

Esta experiencia en Magma ilustra la ventaja de investigar a fondo y luego aferrarse a sus posesiones como si se tratara de una muerte sombría, o hasta que ocurra algo que, por una razón definida, le haga cambiar de opinión. No pretendo que la ganancia de dinero en Magma hasta ahora sea un criterio, pero quiero destacar la importancia de tomar una decisión en relación con la inversión o las transacciones especulativas y basar esa resolución en premisas sólidas, haciendo de ellas una especie de roca estadística sobre la que puede poner sus pies y permanecer allí indefinidamente.

Mucha gente me ha dicho: «¿Por qué no vendiste y volviste a comprar más barato?». Personalmente, nunca he ganado dinero operando al revés, por lo que me refiero a la visión retrospectiva que tan frecuentemente prospera en Wall Street como una indicación de que el que prospera está bendecido con una aguda previsión.

Si hubiera vendido a un precio alto, podría haber comprado en una escala más baja, o en una cifra más baja, y luego revender y volver a comprar, pero como ya he dicho, no estaba en ese tipo de operación, aunque a veces se necesitaba tener una gran fuerza de voluntad para resistirse. El mineral de la tierra, cuando se combina con una gestión de primera clase, un amplio capital y grandes compromisos personales por parte de los que dirigen la propiedad, es casi tan seguro como tener el dinero en el banco; pero debe ser el tipo de mineral adecuado y en tal cantidad que produzca un rendimiento muy grande en proporción a la inversión inicial.

En otros lugares el lector encontrará referencias a la dificultad de esperar un gran beneficio, pero en general la gente tiene menos problemas con su paciencia cuando se enfrenta a una gran pérdida. Hay una forma en la que la mayor parte de esta dificultad puede ser superada, y es recopilando cuidadosamente los hechos cuando se entra en un compromiso y verificando continuamente todo a lo largo de la línea durante todo el tiempo que lo mantenga. No hay necesidad de adivinar, si uno se toma la molestia. Es simplemente una cuestión de cuánto trabajo y gasto está dispuesto a hacer para que su inversión tenga éxito.

Tenemos éxito en proporción a la cantidad de energía e iniciativa que usamos para obtener resultados. El éxito no es para el hombre que está dispuesto a sentarse y esperar que algo caiga en su regazo.

Es una mala estrategia, me parece, esperar a que la oportunidad llame a su puerta, entreno mi oído para poder escuchar a la oportunidad que viene por la calle mucho antes de que llegue a mi puerta. Cuando la oportunidad llega, trato de acercarme a ella, la agarro por el cuello y la tomo.

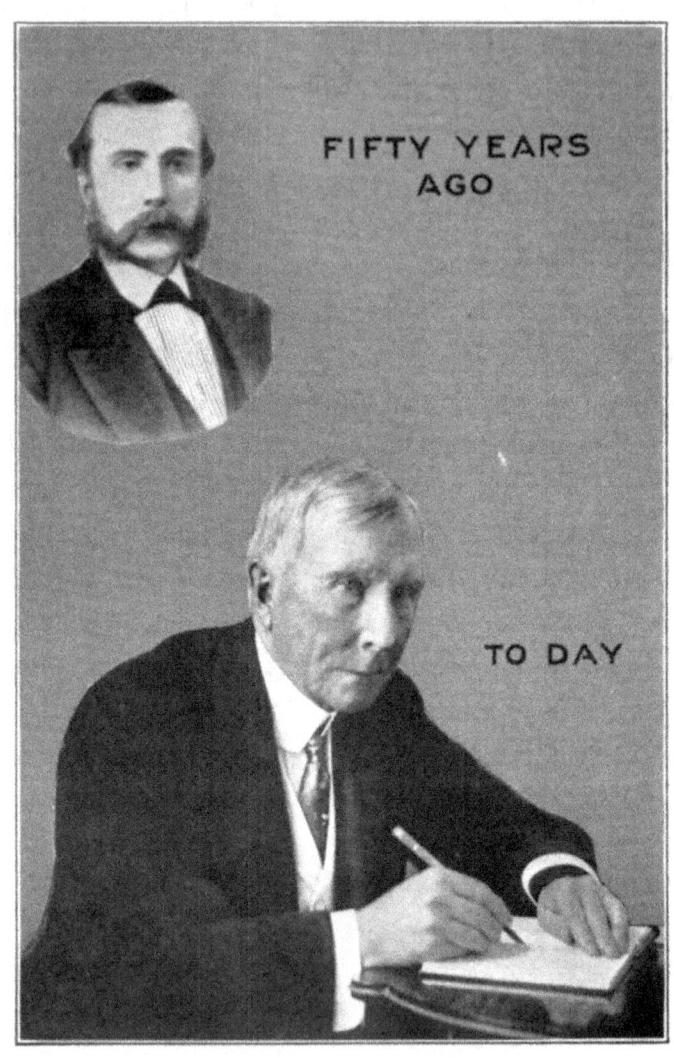

JOHN D. ROCKEFELLER

Cuya fortuna de casi mil millones de dólares representa inversiones, en su mayor parte, en las exigencias o necesidades de la vida.

PARTE VI

LOS FUNDAMENTOS PARA INVERTIR CON ÉXITO

Una de las consideraciones más importantes a la hora de hacer una inversión es entender la naturaleza y condición de la industria que ese valor representa. Echa un vistazo a los productos que John D. Rockefeller y otros de su familia seleccionan, y encontrarás que ellos seleccionan principalmente las necesidades de la vida: petróleo, gas, alimentos u otras necesidades similares, como hierro, acero, maquinaria de cosecha, etc. Estas son las áreas de actividad en las que existe ya una demanda creada y continua: la necesidad humana de combustible, luz, comestibles o materiales necesarios para producirlos. Es un buen punto a tener en cuenta.

A medida que profundizo más y más en este problema de hacer dinero con los valores, y luego hacer que estos generen más dinero, nuevas vías de pensamiento, investigación y estudio se desarrollan constantemente. Últimamente me ha impresionado más que nunca la importancia de comprender la condición actual y la tendencia futura de las industrias representadas por las multitudinarias corporaciones cuyas participaciones cotizan o no en Nueva York y otros lugares. Fue por esta razón que establecí en *The Magazine of Wall Street* un artículo conocido como «Tendencias Operativas». Este artículo bien merece un estudio con detenimiento.

Mientras que en años anteriores solía empezar con una evaluación de la tendencia del mercado, y luego pasaba a la elección de la estrategia, ahora alineo los factores en el siguiente orden:

(1) Tendencia a largo plazo del mercado.

(2) Naturaleza y tendencia de la industria.

(3) Tendencia de los asuntos de la compañía seleccionada (hacia la mejora continua o, al contrario)

(4) Carácter y reputación de la administración.

(5) Posición financiera y poder de ganancia.

(6) Posición en relación con la tendencia intermedia, es decir, las oscilaciones entre treinta y sesenta días.

Cuando todo lo anterior me demuestra satisfacción, me siento seguro al hacer una inversión.

Por supuesto, hay otras evaluaciones, pero estas son las más importantes.

Prácticamente todo el mundo está de acuerdo, y he demostrado en otra serie de artículos, lo vitalmente importante que es conocer la tendencia a largo plazo del mercado. Esta es la brújula por la cual todos los cursos deben ser dirigidos. Es tan fundamental que existe un pequeño terreno de discusión, pero puedo decir que es uno de los puntos principales para que una inversión tenga éxito. La razón es que incluso cuando una compra no es oportuna, es probable que muestre una ganancia en algún momento u otro si la tendencia general de los precios es al alza. Incluso las acciones débiles y pobres avanzan en cierta medida en un mercado alcista. Por el contrario, si una persona compra una acción en un mercado bajista, es probable que tenga que cargar con ella durante mucho tiempo. Si estás en una posición financiera débil, puede que tengas que verla a través de una bancarrota, o puedes decidir venderla con una gran pérdida para salvar lo poco que queda. De aquí se verá lo importante que es el conocimiento de la tendencia a largo plazo.

Supongamos que he decidido que la industria del automóvil está en una condición muy sólida, próspera y prometedora, y estoy considerando una inversión en participaciones en una de las mejores compañías de automóviles. No me sentiría justificado en hacer esta inversión a menos que esté convencido de que la tendencia a largo plazo del mercado sea ascendente. La acción del mercado descuenta la situación comercial con seis meses a un año de anticipación; los precios de las acciones apuntan más lejos de lo que cualquier individuo puede ver, y porque estos precios representan la opinión combinada o compuesta de los millones de personas que negocian con valores. Se expresan a través de sus compras y ventas, por lo que un estudio de la tendencia general del mercado y de las acciones individuales es un estudio de las mentes de los hombres.

Por lo tanto, cuando decido que la industria automovilística se encuentra en una posición favorable, y que la tendencia a largo plazo es alcista, me pongo a seleccionar la empresa que se dedica a esa industria; entonces determino (a) si la tendencia de su negocio es hacia la mejora continua o al contrario; (b) el carácter y la reputación de la gestión; (c) la posición financiera y la capacidad de ganancia; (d) la posición de la acción o del bono en relación con el mercado general y su posición en las oscilaciones intermedias (si se trata de una acción) representadas por los movimientos de los precios de treinta a sesenta días.

No se pretende que se siga ninguna fórmula establecida, pero este es el plan general de razonamiento que sigo, y que, a través de una larga asociación con varios tipos de valores del mercado, estados financieros, gestión y oscilaciones periódicas de los precios, se ha convertido en algo muy instintivo, de modo que me lleva poco tiempo decidir si una propuesta está a la altura de mis necesidades.

Al principio, por supuesto, tuve que sentarme a analizar una gran cantidad de datos y estadísticas y buscar registros como lo hace un abogado, un médico o cualquier otra persona cuando empieza a ejercer. Pero la especulación y la inversión son como cualquier otra actividad: cuanto más tiempo se permanece en ello, más técnica se adquiere, y cualquiera que piense que conoce un atajo que no implique el «sudor de la frente» está tristemente equivocado.

En cuanto a las condiciones y perspectivas de la industria en la que podrías estar considerando una inversión, quiero mostrar cómo debes tener prioridad sobre muchos otros factores que se incluyen en el análisis de una inversión proyectada. Cuando llegué a Wall Street, prácticamente había una sola industria representada en la Bolsa de Nueva York: la del ferrocarril. Todo giraba en torno al estado de las cosechas, porque el trigo, el maíz, la avena y otros cultivos eran el pilar del país, y la mayoría de las campañas especulativas de los grandes operadores como Gould, Keene, Philip Armour, Deacon White y otros, empezaron con la perspectiva de la cosecha como base.

Esa condición ha cambiado. Tenemos cientos de industrias representadas por los valores cotizados y no cotizados que ahora son libremente negociados por los inversores, y a esta lista se añaden más cada semana. Así que, mientras que las acciones del transporte ferroviario siguen siendo importantes, hay más petróleo que ferrocarriles y muchos más automóviles de los que había antes. Todos estos grupos están sujetos a varias influencias que afectan a sus respectivas industrias, y en muchos casos, sus industrias están tan entrelazadas que la prosperidad o la depresión en algunas de ellas está destinada a provocar una condición similar en otras.

La industria automovilística es un ejemplo sorprendente de esto. Si, como un alto funcionario ha declarado, hay una demanda latente de dos millones de automóviles, significa que existe una posibilidad similar de expansión en los neumáticos, el acero y las industrias petroleras. Otro ejemplo son los ferrocarriles. Las carreteras que han sido devueltas a sus propietarios, una vez que su posición financiera y su capacidad de ganancia estén aseguradas, inmediatamente surgirá una demanda sin precedentes para el equipo ferroviario. Esto a su vez afecta favorablemente a la industria del acero, porque los ferrocarriles son grandes consumidores de rieles y otros equipamientos que requieren el uso de acero.

Luego viene la evaluación secundaria del efecto de la prosperidad en estas líneas sobre otras industrias. En la fabricación de automóviles deben incluirse literalmente cientos de líneas aliadas como las que se dedican a la fabricación de carrocerías, capotas, radiadores, motores, ruedas, etc., ahora que el efecto indirecto de una economía prospera en el comercio de automóviles se difunde a través de miles de canales diferentes.

Los dos factores arriba mencionados tienen una influencia aún mayor en el poder adquisitivo de los millones de personas cuyos ingresos se mantienen a un alto nivel debido a la demanda de mano de obra y materiales, y lo que se conoce como el poder adquisitivo del público se extiende por miles de vías comerciales, lo que resulta en un gran estímulo para todas las líneas de producción industriales.

Quizás me he alejado un poco de mi tema, pero es interesante seguir un pensamiento hasta llegar a su conclusión lógica.

Por lo tanto, la condición anterior provoca, directa e indirectamente, un estímulo de varias líneas de comercio, mientras que, en otras industrias, que trabajan en condiciones adversas, el efecto es contrario; de ahí que debamos concluir que hay numerosas tendencias que se dan en el mercado en la actualidad, algunas de las cuales se reflejan en el aumento de los precios para estos grupos de valores, mientras que los precios de otros grupos están bajando. Esto aclarará por qué es tan importante estudiar las distintas líneas de comercio para elegir, mediante un proceso de eliminación, aquellas que muestren los mejores resultados, aunque sus condiciones en otras líneas sean algo desfavorables. He visto casos en los que el progreso de una determinada industria ha compensado con creces la tendencia a la baja del mercado general, lo que ha dado lugar a que algunas acciones suban mientras que la mayoría de las otras caigan de manera constante. Cuando puedo hacer una inversión en la que las condiciones de esa operación son ideales, y cuando la tendencia a largo plazo del mercado es fuertemente alcista, con todos los factores mencionados anteriormente de manera satisfactoria, me siento bastante seguro de que el resultado será rentable.

Una vez resueltos estos puntos, el siguiente paso es decidir qué acción de esa industria está en la mejor posición en cuanto a poder adquisitivo y fuerza financiera, carácter y reputación de la administración, etc. Desde el punto de vista de la inversión, los factores anteriores deberían dominar, pero desde el punto de vista especulativo, la cuestión de la posición técnica tendría casi el mismo peso.

Al seleccionar una acción para obtener ingresos y ganancias, o al elegir una que compro principalmente para obtener ganancias, siempre me gusta elegir la que me hará ganar la mayor cantidad de dinero en el menor tiempo posible. Aquí es donde entra en juego un estudio de la posición técnica. Una determinada acción puede parecerme buena porque ha pasado de 100 a 150 y luego ha corregido bajo un ataque de los bajistas (pero sin ningún cambio especial en su posición fundamental, perspectivas o poder de ganancia) a un precio de 110. Si muestra a ese nivel una fuerte resistencia a la presión, preferiría comprarla antes que alguna acción que todavía estaba en el rango de distribución después de haber cotizado al alza con 40 o 50 puntos y haber sido muy activa en la parte superior. Estos no son más que simples ejemplos de un estudio de la reacción de las diferentes acciones y algunas de mis razones para elegir una en lugar de la otra después de dar la debida importancia a todos los demás factores del caso.

Es extraño cómo la gente continuará ignorando los elementos importantes a los que se acaba de hacer referencia. Probablemente sea porque no entienden las operaciones que subyacen a las fluctuaciones de los valores y que son responsables de muchos de sus movimientos. Me refiero a las campañas trazadas y llevadas a cabo por fondos formados por unos pocos o muchos hombres que miran mucho más allá y observan la aproximación de una situación que les permitirá comprar o vender con ventaja.

Como decía Charles H. Dow: «El público rara vez ve los valores hasta que se los señalan», lo que significa que el público no lidera, sino que se deja llevar por la especulación. Rara vez actúa hasta que se le dice que actúe, o hasta que una acción de algún tipo sea sugerida a través de un poco de información verbal, un boletín del mercado, etc.

Pero hay otro tipo de insinuación que es la más potente en su influencia sobre el público, y es la acción del propio mercado. El aumento del precio de una acción sugiere precios aún más altos y la disminución de las cotizaciones lleva a la consecuencia de que los precios están bajando. Los fondos trabajan en esta debilidad, que se debe a la ignorancia del público. Acumulan una acción sin adelantar su precio; luego, cuando las condiciones del mercado son favorables, vuelven a subir la acción. Esto promueve la compra del público, porque la gente siempre quiere entrar en algo que está «subiendo». Y viceversa, los fondos a menudo tratan de debilitar una acción, contando con el apoyo del público cuando la acción empieza a declinar.

Hace mucho tiempo creía que el éxito en la bolsa de valores exigía la comprensión de las operaciones de las personas más influyentes, porque estos intereses habían estado estudiando el negocio y operando en el mercado durante muchos años y por lo tanto eran expertos. Era un buen razonamiento suponer que el conocimiento de los métodos que utilizaban en sus operaciones en el mercado le permitiría a uno detectar sus huellas en la cinta y seguirlas con placer y beneficio.

Los grandes profesionales están prácticamente siempre en el mercado. Normalmente, tienen múltiples órdenes a diferentes precios en ambos lados para comprar en las caídas y vender en las subidas. Siempre tienen dinero para comprar en las caídas, porque venden en los repuntes. De este modo, obtienen una ganancia y suministran fondos para la siguiente caída. Si el público aprendiera a hacer esto, habría menos muertes en la bolsa de valores.

Es difícil enfatizar la importancia de estudiar la posición técnica, en particular cuando se tiene un comportamiento especulativo. Mucha gente puede decir: «¿Qué es una posición técnica débil o fuerte?». Mi respuesta es, en resumen, que una acción está en una posición técnica débil en el lado alcista cuando ha sido comprada y está en manos de un gran número de especuladores novatos; cuando la mayoría de estos buscan una ganancia; cuando el precio de la acción ha avanzado hasta un punto en el que no se pueden estimular más compras por el momento. Es lógico que cuando el poder de compra se agota, la acción debe disminuir, sin importar lo fuertes que sean sus finanzas, su gestión o su poder adquisitivo.

Por otra parte, una acción está en una posición técnica débil en el lado corto cuando los bajistas han agotado su munición vendiendo todo lo que pueden permitirse y cuando el poder de compra de los inversores y especuladores es tal que resiste la presión de los bajistas; en otras palabras, cuando la demanda supera a la oferta. La debilidad de tal posición se encuentra en el hecho de que todos los que están cortos son alcistas potenciales; deben, tarde o temprano, cerrar sus operaciones para cubrir sus compromisos. No desean quedarse cortos indefinidamente. Es bien sabido que los bajistas tienen menos valor que los alcistas, y a menudo se ven obligados a comprar a precios más altos porque la posición técnica se hace tan fuerte que no pueden forzar el precio a la baja. Los bajistas, después de haber vendido en corto, son parte de la posición técnica fuerte, no de la débil.

Se podría escribir mucho sobre este tema, que, si bien está lejos de ser una ciencia exacta debido a las influencias numerosas y cambiantes que se están lanzando al mercado en casi todo momento, es un estudio que bien merece la atención de todo inversor y especulador. El viejo dicho «lo bien comprado es medio vendido» siempre debe tenerse en cuenta, y aunque este estudio de la posición técnica es un punto al que la gente llega en último lugar, la educación en la bolsa de valores no está completa sin ella, ni se puede dominar sin el estudio paciente, la amplia experiencia y la práctica.

Hay muchos hombres en Wall Street y en todo el país que hacen una práctica de tomar ganancias de acuerdo con sus ideas de proporción, dicen algo así: «Cincuenta puntos es un gran beneficio, aunque sea en un pequeño lote de acciones... por lo tanto, lo tomaré». Otros se dicen a sí mismos: «Tengo un beneficio del cien por cien de mi inversión y eso es suficiente. Dejaré que otro se quede con el resto».

En el caso de American Graphophone, seguí una regla diferente. El número de puntos, o el porcentaje de beneficios, no me influyó. Las fluctuaciones eran interesantes, pero tanto si las acciones subían como si bajaban, decidía esperar a que llegaran a cierto punto antes de sacar beneficios. Esto significaba el punto en el que los iniciados empezaban a vender.

PARTE VII

LA HISTORIA DE UN PEQUEÑO LOTE

En artículos anteriores me he referido a la importancia de entender a fondo la industria que representa el valor en el que se ha decidido invertir. Uno debería poner más énfasis en este punto. Algunas personas, cuando miran la lista de valores cotizados en los diarios, no saben si los títulos resumidos se refieren a ferrocarriles, industrias o machos cabríos. Pero deberían saber y sobre todo conocer la historia, las finanzas y el carácter de la gestión de las empresas que han elegido.

Durante mucho tiempo he estado familiarizado con la historia y el desarrollo de la industria fonográfica, y he hecho cálculos sobre su tendencia futura. Durante muchos años estuvo ampliamente monopolizada mediante la protección de patentes que algunos cuestionaron, pero que, en cualquier caso, fueron efectivas. Y así, cuando en febrero de 1919, estaba almorzando con un amigo, y me contó que era probable que algo importante iba a salir de la próxima reunión de la compañía American (ahora Columbia) Graphophone, supe que detrás de cualquier acontecimiento inmediato en los asuntos de esa compañía había una base sólida para lo que pudiera ocurrir.

Discutimos cómo los millones de soldados que fueron a la guerra volvían locos por la música, y cómo sus experiencias en el extranjero y en los campamentos americanos les demostraron el valor del fonógrafo en casa; cómo personas que nunca antes habían podido permitirse tales lujos ahora podían comprar, lo que dio lugar a una demanda sin precedentes tanto de máquinas como de discos.

«Entiendo», dijo mi amigo, que el anuncio que darán después de la reunión de Columbia es que probablemente pongan la acción a 150.

Como la acción se estaba vendiendo en ese momento alrededor de 135 no le presté mucha atención, y casi había olvidado el incidente cuando una mañana, al bajar a la oficina, noté en mi periódico un pequeño anuncio en el que se decía que los directores de Columbia habían declarado un dividendo de 2,50 $ por participación en efectivo y una vigésima parte de una participación en acciones. En otra parte del periódico, entre las noticias que están poco claras, se sugería que la política de la compañía Graphophone en el futuro sería desembolsar una cierta cantidad de dinero en efectivo cada trimestre y también un pequeño dividendo en acciones. Tanto el anuncio oficial como la pequeña noticia estaban redactados en términos tan modestos que su importancia no aparecía en primer plano.

Pero un pequeño cálculo mental funcionó así: 2,50 $ por participación por trimestre significaban 10 $ al año. La vigésima parte de una participación por trimestre significaba cuatro vigésimas partes, o una quinta parte de una participación por año. Al precio de mercado de la acción, 135, esta quinta parte del porcentaje equivale a 27 $ por participación al año, o un total de 37 $ por participación, contando el efectivo y el valor del dividendo por acción. Conclusión: el precio debería avanzar de 200 a 300 dólares por participación, dependiendo de la regularidad con que se pretenda pagar los dividendos en participaciones.

Al llegar a la oficina llamé por teléfono a la sede de la empresa y descubrí que la dirección tenía previsto declarar esos dividendos trimestrales en participaciones a la tasa de la vigésima parte de forma indefinida, por lo que empecé a invertir al menos 15.000 $ en participaciones ordinarias de la American Graphophone a precio de mercado. Evidentemente, otras personas estaban atentas a lo que significaba ese pequeño anuncio, ya que había muchos compradores y pocos, si es que había alguno, vendedores. Finalmente, conseguí comprar dos lotes de veinte participaciones, con un promedio de $164^{1/4}$, y el siguiente que me ofrecieron fue de alrededor de 179. Como esto estaba muy lejos del precio al que empecé a comprar, y no me gustaba pujar contra tanta competencia, decidí darle las cuarenta participaciones a mi esposa y ver qué podía hacer por ella con el pequeño lote impar. Pronto el precio llegó a 180, luego a 200, sin casi ninguna transacción por el momento.

Estas cuarenta participaciones me costaron 6.575 $, que, aunque no fue una gran inversión, tuvo grandes expectativas, considerando su tamaño, como demostraré. No fue mi primera transacción en Graphophone, porque había ganado mucho dinero con ella en ocasiones anteriores, comprándola alrededor de 70, vendiéndola a 135, recomprándola alrededor de 110, y llevándola hasta a 160. Teniendo en cuenta estas transacciones, las cuarenta participaciones me salieron muy rentables.

Hace unos cinco años, *The Magazine of Wall Street* publicó un artículo sobre la industria fonográfica, que mostraba que se encontraba en una condición muy próspera con un panorama excepcionalmente prometedor. Un cierto corredor de bolsa de Nueva York, sabiendo que la acción de la antigua compañía American Graphophone había sido bien distribuida muchos años antes, y que se iba a tener el control en el mercado abierto, fue a Wilmington, Del., y logró obtener una entrevista de quince minutos con los intereses comerciales de DuPont. El resultado de esto fue que los DuPonts adquirieron el control, comprando la acción por debajo del par hasta casi 200 $ por participación por la última de ella.

Luego empezó un período de desarrollo y expansión bajo la nueva y más progresiva gestión. En consecuencia, la compañía había hecho grandes progresos en los últimos años. Durante este tiempo, la acción que había llegado a 196 o más, fue disminuyendo gradualmente, hasta que en el verano de 1918 se vendió alrededor de 50 $ por participación. En algún punto entre ese nivel y la cifra de 135 que prevalecía cuando se me llamó de nuevo la atención, los que tenían el control vieron evidentemente una oportunidad para «ponerla en lo más alto», como lo habían hecho con General Motors y otras grandes corporaciones en las que estaban interesados, con la consiguiente escasez de participaciones cuando salió la noticia.

Sabía que la nueva corporación que se había apoderado recientemente de la antigua, estaba abastecida con una cantidad de participaciones ordinarias muy superior a la que se iba a utilizar en el intercambio por las antiguas participaciones, y en este anuncio de dividendos leí entre líneas y pude hacer pronósticos mucho más precisos que si no hubiera estado familiarizado con la historia pasada de Columbia, y no hubiera estudiado los métodos de financiación y desarrollo de DuPont.

En el capítulo anterior encontrarás una referencia a la posición técnica. Sería difícil imaginar una más fuerte que la que prevaleció en esa acción después de que saliera la noticia, porque, en la simple jerga de Wall Street «no había nada de eso para la venta». Y no pasó mucho tiempo antes de que la acción se vendiera a más de 300 $ por participación.

Durante el verano, mientras estaba en un largo viaje por Alaska y la costa, solía recibir los periódicos de Nueva York con un retraso de siete a quince días, pero sabía que cualquier cosa grande o importante tardaría varias semanas en realizarse, así que me avisarían con suficiente antelación.

Con frecuentes períodos de descanso y correcciones, la acción subió constantemente a 400 $, y luego a 500 $ por participación, y con cada nuevo avance los dividendos que se distribuían trimestralmente en participaciones se volvieron más valiosos; es decir, la quinta parte de una participación por año (que consta de cuatro pagos trimestrales de la vigésima parte de una participación) tenía un valor de 40 $ por participación cuando la acción se vendía a 200 $; 60 $ por participación a 300 $; 80 $ por participación a 400 $; y 100 $ por participación cuando el precio avanzaba a 500 $. Fue lo más cercano a «levantarse por sus propios medios» que jamás había visto.

En las 40 participaciones, el primer dividendo ascendió a 2 participaciones; el segundo a 2,1 participaciones, lo que hace 44,1 participaciones. En ese momento empezaron a aparecer las sombras de los acontecimientos que se avecinaban, ya que la empresa anunció que en breve intercambiaría las antiguas participaciones de 100 $ a la par, por nueva acción sin valor nominal, y que cada titular de una participación de las antiguas recibiría diez participaciones accionarias de las nuevas. Las transacciones ocasionales en la Bolsa Curb de Nueva York habían rondado 500 $ por participación, y ahora la nueva acción empezó a negociarse «cuando se publicó» entre 43 y 50, y durante el mes de agosto de 1919, llegó hasta 59. En el nivel mínimo de $43^{1/2}$ a 46 durante agosto y septiembre, la acción mostró una excelente resistencia, mientras que el resto del mercado permaneció débil, y por su movimiento llegué a la conclusión de que nos acercábamos a la etapa de «fuegos artificiales».

A lo largo de octubre, la acción se cotizó en la Bolsa de Valores de Nueva York y empezó a ser muy activa, avanzando rápidamente varios puntos por día hasta llegar a 75. El volumen de negociación aumentó enormemente. En algunas sesiones se negociaron de 50.000 a 75.000 participaciones, por no hablar de los lotes impares que no se registraron. Numerosos artículos de prensa llamaron la atención sobre la evolución de la empresa. Observé cómo el precio oscilaba entre 70 y 75, y cuando me di cuenta de que aparecían ciertos indicios, decidí que si volvía a bajar a 70 vendería parte de lo que antes era un lote impar.

Las 44,1 participaciones fueron cambiadas en ese momento por 441 participaciones nuevas, y poco después se recibió un dividendo de una fracción sobre 22 participaciones, haciendo 463 participaciones, con un valor de 70 $ por participación
.... 32,410.00 $

Más tres dividendos a 2,50 $ por
    participación en varios lotes 315.25

                                                     32,725.25 $

Menos el costo de las 40 participaciones iniciales y
    comisiones 6,575.00

    Ganancia de papel a 70 $ por participación................... 26,150.2 $

Los dividendos en participaciones que se retiraban trimestralmente ascendían a 23 participaciones o 1.610 $ por trimestre, o 6.440 $ anuales si la acción se mantenía a 70 $. Si se añaden los dividendos en efectivo, que en las nuevas participaciones ascendían a una décima parte de las antiguas, y se pagaban a razón de 25 centavos por participación, o 1 dólar al año, los ingresos ascendían a unos 6.900 $ en una inversión inicial de menos de 6.600 $.

Ese era un gran porcentaje, siempre que la acción se mantuviera a 70 $ por cada participación, pero el movimiento de la acción indicaba que los iniciados estaban vendiendo al menos una parte de su cartera, tal vez lo suficiente para recuperar su inversión inicial. Decidí que cuando los iniciados vendan es hora de que los forasteros vendan, me deshice de 263 participaciones a 70, lo que me devolvió los 6.575 $ iniciales, además de 12.080,25 $ en efectivo y 200 participaciones pagadas en su totalidad.

De hecho, teniendo en cuenta las ganancias y los dividendos en efectivo, estas 200 participaciones costaban unos 60 $ por participación ni más ni menos. Así que no vi manera en que mi esposa podía perder en esa transacción.

Vender parte del lote me puso en una buena posición por otra razón. Si los iniciados apoyaban la acción en una caída, y luego elevaban el precio a un nuevo nivel más alto, podría aprovecharlo con el resto de mis posesiones. Pero si, como era más probable, permitían que la acción se desplomara, podía reemplazar lo que había vendido a un nivel más bajo y luego aprovechar cualquier avance y distribución secundaria que pudiera ocurrir.

Los puntos a tener en cuenta con respecto a esta pequeña negociación con lotes impares son estos: yo conocía la industria, su condición actual de sobreventa y su tendencia futura. También la posición de la compañía Columbia con relación a esto.

Los grupos que poseen información privilegiada decían que la acción avanzaría 15 puntos. Esa información era errónea; el precio de la acción subió cientos de puntos. La información sobre la que realmente actué estaba abierta a todo el mundo. Confirmé los hechos en la oficina de la compañía.

Poniéndome en el lugar de los iniciados pude seguir su razonamiento y ver el propósito de su campaña. Tomé ganancias cuando ellos lo hicieron, poniendo así mi cuenta en una fuerte posición de efectivo, más allá de la posibilidad de pérdida.

No se consideraron el panorama o las condiciones actuales, sino solo los hechos que indicaban lo que sería el futuro. Las condiciones técnicas fueron observadas de cerca para buscar señales de movimientos por parte de los iniciados.

La venta en la parte superior proporcionó el dinero en efectivo con el que poder volver a comprar la acción a una cifra inferior.

No obtuve el cien por cien de las posibilidades en esta pequeña operación, pero estuve muy cerca de conseguirlo.

Mi experiencia con las participaciones de la American Graphophone muestra lo que se puede hacer ocasionalmente con los lotes impares, y disputa a aquellos que «creen que los lotes accionarios que están fraccionados son demasiado pequeños para considerarlos y deben ser ignorados». He descrito el asunto en detalle para que las razones de cada movimiento queden claramente expuestas, y confío en que las sugerencias que aquí se exponen sean de valor informativo para mis lectores.

JESSE L. LIVERMOORE

Cuyas operaciones bursátiles son las más espectaculares de la presente generación.

PARTE VIII

LAS REGLAS QUE SIGO EN LA INVERSIÓN Y LA ESPECULACIÓN

Algunas personas pueden tener la impresión, basada en mis artículos anteriores, de que cuando uno adquiere un nivel adecuado de formación y experiencia, hacer dinero especulando e invirtiendo en valores es una proposición fácil. Me apresuro a corregir esta impresión u otra que también podría haberse formado: es fácil de llevar para mí personalmente.

Todavía tengo que encontrar al hombre, dentro o fuera de Wall Street, que sea capaz de ganar dinero con los valores, de forma continua o ininterrumpida. Mi experiencia no es diferente a la de muchos individuos conocidos como hombres exitosos de Wall Street. Yo también tengo mis períodos buenos y malos, exactamente igual que todos los demás. A veces, parece que todo lo que toco sale bien, y otras veces parece que todo sale mal. Es muy parecido a cualquier otra línea de negocios.

El éxito en la especulación significa más ganancias a pesar de las pérdidas. El éxito en el área de inversiones significa más inversiones buenas que malas. Si alguien te dice que puede ser casi siempre exitoso, ponlo como un intento de abusar de tu credulidad. El cien por ciento de precisión era una cualidad que ni siquiera alcanzó el difunto J.P. Morgan. James R. Keene a menudo decía que le iba bien si podía acertar seis de cada diez veces. A menudo, lo llamaba y lo veía operar con su tablero de cotizaciones en el quinto piso del edificio Johnson, en el 30 de la calle Broad, y muchas veces podía ver claramente la manera nerviosa en la que trabajaba de un lado a otro desde su tablero de cotizaciones hasta su teléfono, y subía y bajaba por el piso como un león enjaulado, que las cosas no iban bien. En sus treinta o cuarenta años de carrera en Wall Street se fue a la quiebra más de una vez.

Un día entré en la oficina de Harriman y lo encontré como un auténtico toro en una tienda de porcelana, porque el mercado había estado yendo en contra de sus expectativas.

En la generación actual, las operaciones de Jesse Livermore son las más espectaculares, pero no siempre tiene la razón. Como todos los demás operadores, grandes o pequeños, a veces comete errores muy graves. Me ha descrito personalmente sus métodos en detalle. Ellos prevén fallos, percances, errores de juicio y aquellos sucesos inesperados que todo gran o pequeño operador debe tener en cuenta.

Uno de los operadores más inteligentes y experimentados en la Bolsa de Valores de Nueva York, un hombre que normalmente gana 300.000 $ al año con sus operaciones, me dijo: «Cuando tomo una posición en una acción y descubro que está teniendo una pérdida suficiente que asciende a 20.000 o 25.000 dólares, y empieza a molestarme en mi día a día, la cierro».

Ahora entra en el área de inversiones y toma la lista anual publicada de valores de inversión en propiedad de cualquiera de las grandes compañías de seguros de vida como Equitable, Mutual, New York Life, u otras que tienen las mejores conexiones en el distrito financiero, y cuyas inversiones se hacen bajo el consejo y la guía de destacados financieros, abogados, expertos y actuarios.

Lo mismo ocurre con las inversiones frecuentes que resultan fallidas y que deben ser anotadas y canceladas.

Por lo tanto, el éxito en cualquiera de los dos campos depende de si tus ganancias exceden a tus pérdidas e ingresos, es decir, de lo cerca que puedes llegar al cien por ciento con exactitud. Por lo tanto, no importa cuánto tiempo o qué tan duro estudies, ni lo cuidadoso, conservador y experimentado sea tu guía, tu consejero o tus banqueros, siempre debes anticipar una cierta porción de las inversiones y operaciones desacertadas.

Es por esta razón por lo que muchas (pero no todas) de mis inversiones se hacen con la intención no solo de obtener grandes beneficios, sino de compensar estas pérdidas ocasionales e inevitables. He encontrado algunos hombres que afirman que nunca tienen pérdidas. Esto puede ser cierto, pero prefiero sufrir pérdidas que hacer un inventario del resultado final de tales operaciones, porque es inevitable que muestre una serie de valores que están muy lejos de su precio y que deberían figurar simplemente como «Esperanzas» o «Pequeñas Esperanzas».

Esto me recuerda una regla operativa muy inteligente seguida por Jesse Livermore. A menos que una acción le muestre una ganancia en dos o tres días después de que la compre o venda en corto, cierra la operación, sobre la base de que su juicio fue erróneo en lo que respecta a la reacción inmediata de la acción, y no puede permitirse el lujo de estar atado. Él decía: «Siempre que me encuentro *esperando* que una operación salga bien, la dejo».

El propósito de Livermore en esta regla es mantener su capital operativo en circulación; nunca permitiendo que se congestione. Es una buena regla. Piénsalo, y recordarás que a menudo no solo has perdido dinero por apegarse a una suposición desesperada, sino que has perdido muchas, muchas oportunidades.

Otro principio de Livermore es cortar las pérdidas con rapidez. Por supuesto, en sus campañas de 10.000, 20.000 o 50.000 participaciones él no puede colocar órdenes de parada como un operador de 100, 200 o 500 participaciones, pero normalmente tiene una parada mental y cuando la alcanza cierra la operación.

Se observará que Livermore, por el uso de estas dos reglas, tiene tanto una parada de tiempo como una parada de precio. No dedicará su margen (garantía) a una transacción por más de unos pocos días, y no dejará que la operación se le vaya de las manos por más de unos pocos puntos. Mientras que él, hasta donde yo sé, originó la primera regla, la segunda, es decir, el uso de órdenes de parada, ha sido uno de los primeros principios de los operadores más exitosos durante muchos años. Harriman, Keene y muchos otros han defendido la limitación absoluta del riesgo.

Aunque he tenido la costumbre de limitar mi riesgo en la mayoría de los casos, puedo relacionar la mayor parte de mis principales pérdidas en el hecho de no haber colocado órdenes de parada cuando se realizaron las operaciones. Y si bien siempre he estudiado la limitación del riesgo y, en general, me he esforzado por operar de manera que el riesgo sea mínimo, muy a menudo he retrasado la colocación de una orden de parada hasta que se perdió la oportunidad, y en algunos casos estas pérdidas han llegado a ser de cinco o diez puntos cuando bien podrían haberse limitado a dos o tres. Estos incidentes son de valor porque muestran lo que debe evitarse.

En la negociación bursátil, obtengo los mejores resultados observando cuidadosamente un punto de inflexión importante, limitando mi riesgo, y operando en las oscilaciones de diez o veinte puntos. Pero muy a menudo, cuando tengo tiempo para dedicarle, y me siento en armonía con el mercado, me gusta operar más activamente. Entrar y salir de las acciones hasta 5.000 o 10.000 participaciones al día en total es muy divertido, pero suele ser más rentable para el corredor que para el operador, debido a la inmensa desventaja que tiene tratar de pagar comisiones, impuestos y pérdidas de las pequeñas oscilaciones diarias y además obtener una ganancia. Un operador de parqué en la Bolsa de Nueva York tiene una ventaja sobre un no miembro, cuyos gastos totales en tales negocios bajo las tasas de comisión aumentadas van de 1,000 $ a 2,000 $ por día.

Los cambios de valor en los precios de los títulos no suelen producirse en la misma sesión. El movimiento del mercado o la situación que lo produce debe tener tiempo para desarrollarse. Como me dijo una vez Charles Hayden: «el día para comprar no es el día para vender».

Los suscriptores de *The Magazine of Wall Street* me escriben con frecuencia y me explican que están muy alejados del mercado y preguntan si no sería mejor venir a Nueva York o ir a Chicago para «mantener un contacto más cercano con la situación». Muy a menudo esta «cercanía» es una desventaja. El verdadero estudio se hace lejos del mercado, no en la oficina de un corredor.

El mejor trabajo que hice para juzgar el mercado fue cuando dediqué una hora al día en medio de cada sesión. No vine a Wall Street. No tenía un teletipo de noticias. Rara vez leía las noticias, sino que juzgaba únicamente por la acción del propio mercado; por lo tanto, nadie me influenciaba de los rumores, chismes, información o desinformación con la que el público en general se inunda día tras día en Wall Street.

Por lo tanto, el inversor que está fuera de la ciudad no tiene tanta desventaja como podría suponer. Si él está operando y puede obtener el resultado de la operación del día a tiempo para dar sus órdenes a la mañana siguiente, está mejor que la mayoría de la gente que viene aquí y está pendiente del precio de cotización. Tus opiniones se forman a partir de los hechos. Debes saber cómo reunirlos y sacar las conclusiones adecuadas. Pero todo lo que necesitas son los precios más altos, más bajos y los últimos precios de las acciones que estás siguiendo. Sin ser egoísta, creo que podría dar la vuelta al mundo y, habiendo organizado que se me enviaran por teletipo diariamente los detalles de una acción como U.S. Steel o cualquier otra acción activa, podría enviar mis órdenes por teletipo y volver con una ganancia. No sería necesario que me avisaran del volumen de negociación de esa acción o del mercado general, aunque en algunos casos esto podría ayudar. Ciertamente no me interesa que se incluyeran noticias de cualquier tipo en los telegramas.

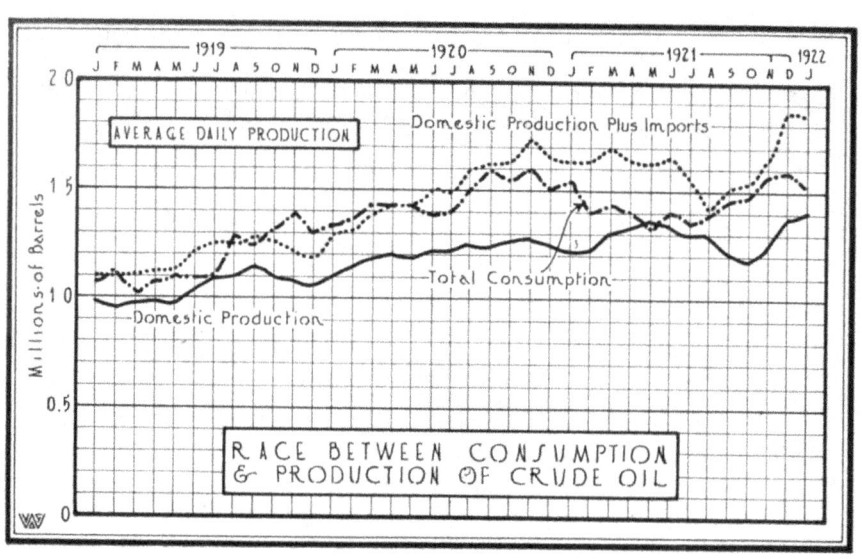

En el capítulo que sigue al texto se refiere solo a los años 1919-1922
que se muestran en el gráfico anterior.

PARTE IX

PREVISIÓN DE ACONTECIMIENTOS FUTUROS

En los capítulos anteriores me he referido al valor que tiene la previsión en el área de inversión, y a las ventajas de mantener su dinero trabajando donde produzca los mejores resultados en el menor tiempo posible. Me gusta ir en dirección hacia un punto objetivo. Una forma de hacerlo es mantener un ojo constante en la posición relativa de las diferentes industrias para ver dónde está la mayor ventaja.

No hace falta más que leer los periódicos de hoy en día para establecer la opinión de que ciertas industrias están en una posición excelente. ¿Pero cuál de ellas es la mejor?

La industria del acero es aparentemente próspera. Parece probable que la industria va a atravesar lentamente el gran vacío comercial e industrial que resultó de la absorción del acero durante la guerra.

La reanudación de las operaciones de construcción será un gran factor en el negocio del acero durante los próximos años. Todos sabemos que el país está subdesarrollado, y un resurgimiento de la actividad de construcción que últimamente se ha hecho evidente, significa cosas muy grandes para el comercio del acero.

Ahora que los ferrocarriles están de nuevo en manos de sus propietarios, podemos esperar un aumento de los pedidos de rieles, vagones y locomotoras, que absorberán grandes cantidades de acero. Esto también debería producir una condición altamente próspera en el negocio del equipamiento ferroviario para los próximos años.

Últimamente le he estado dando vueltas a estos asuntos en mi mente porque tengo mucha confianza en el futuro del mercado y quiero saber qué acciones de la industria más favorecida es probable que produzcan más para mí, tanto desde el punto de vista de los ingresos como de las ganancias. Los movimientos del mercado, cuando se pronostican correctamente, pagan más dólares que dividendos.

Aunque hay muchas industrias menores en una posición muy favorable en la actualidad, he llegado a la conclusión de que una en particular está por encima de todas las demás, y es la industria del petróleo. El gráfico adjunto indica que el consumo se ha adelantado a la producción durante los dos últimos años y no hay ningún signo de cambio en esta tendencia. Esto, junto con el pronóstico de Walter C. Teagle, presidente de la Standard Oil Co. de N. J., nos da la columna vertebral de la posición estadística del petróleo. El Sr. Teagle estima que para 1925 el mundo requerirá 675.000.000 barriles de petróleo crudo contra los 376.000.000 producidos en 1920, lo que supone un aumento del 78 %. Se pregunta de dónde viene tanta cantidad de petróleo. Si él no puede decirlo, tú y yo no necesitamos saberlo.

Si se requiere alguna otra garantía, podemos referirnos a un informe presentado por la Junta de Comercio Británica en Londres cuyo Comité Central informó que la *demanda* tendía a superar la oferta actual del mundo.

Así pues, es evidente que hay una amenazante escasez mundial de petróleo y que esta situación no podrá solucionarse en mucho tiempo.

Por lo tanto, estoy invirtiendo dinero en la mejor clase de acciones petroleras, ya que, si bien hay muchas oportunidades prometedoras en otros sectores, considero que esta es, por el momento, la mejor industria en la que se puede adoptar una posición alcista a largo plazo.

Mi razón es que el margen de ganancias en la producción y refinamiento del petróleo, especialmente en la producción, será indispensable, probablemente mucho más grande, en términos de porcentaje, que, en la industria del acero, el automóvil u otras industrias líderes cuya producción puede ser ampliada mediante la construcción de más instalaciones y la contratación de más hombres. Es diferente con el negocio del petróleo. El petróleo debe ser buscado; y no siempre se encuentra donde uno espera encontrarlo. Muchos de los campos más viejos se están agotando. Muchos de los pozos surtidores de 10.000 y 15.000 barriles de hace un año están ahora funcionando por docenas o cientos y en no pocos casos hay que bombearlos.

El campo de Ranger, el 1 de julio de 1919, producía 160.000 barriles al día. Para el 1 de febrero de 1920, esto había bajado a 80.000 barriles diarios. El campo Burkburnett ha mostrado una caída muy marcada, debido al cierre de la perforación. Muchos de los pozos más grandes de México han disminuido, debido a las condiciones económicas, la invasión de agua salada, o al posible cambio de formación, debido a las erupciones volcánicas.

Hay una escasez de nuevos campos. Hemos escuchado hablar de descubrimientos en varias secciones de este y otros países, pero se requerirá de un buen número de campos polifacéticos para mantener el ritmo de la voraz demanda consumista. Es evidente que en la industria petrolera no hay punto de saturación, porque el comercio está trabajando continuamente para compensar la escasez que prácticamente cada año reduce la oferta visible.

El aumento de la cantidad de maquinaria de todo tipo y la eliminación de la mano de obra es un punto importante en la demanda, ya que cada pieza de maquinaria requiere más lubricación y el material lubricante siempre tiene su base en el petróleo crudo. Los automóviles no solo son consumidores de gasolina, sino también de grandes cantidades de aceite lubricante.

Los tractores están desarrollando otra gran vía nueva de consumo y con el tiempo deben suplir al caballo en la granja, como el automóvil lo ha hecho en las ciudades. En Seattle no hay ni un solo caballo en la actualidad, hasta donde yo sé.

El año 1894 no parece tan lejano, pero cuando en aquel entonces le dije a alguien que un día de estos viajaríamos en carruajes sin caballos, se rieron de mí como si fuera un soñador.

Ahora deseo predecir otro sueño similar.

Es que las calles de Nueva York y de todos los demás grandes centros estarán, en no muchos años, revestidas de tuberías que llevarán combustible para su uso en lugar de carbón en la calefacción, la manufactura y otros propósitos. Y aquí hay una sugerencia para cualquiera de mis lectores que esté en posición de asegurar los estatutos de sus respectivas comunidades, porque algún día estos estatutos valdrán mucho dinero.

Pronto pasará el día en que los hombres serán enviados a las minas para recoger el carbón, ponerlo en trenes, transportarlo a cientos de kilómetros, descargarlo en carros de carbón, llevarlo en camiones por las calles de la ciudad, echarlo en sótanos y palearlo en hornos.

Enormes tanques de petróleo, similares a los tanques de gas que se utilizan actualmente, deberían contener el combustible líquido que puede ser controlado con el simple giro de una válvula o el funcionamiento de un termostato.

¡No hay que palear el carbón, ni sacar las cenizas! Esto debería hacer la vida más atractiva en la ciudad o en el campo, especialmente para aquellos que tienen que trabajar a las 5:15. Pero para el fabricante, el propietario de edificios de oficinas o apartamentos, este desarrollo tendrá una aplicación mucho más amplia, ya que significará la eliminación de una serie de factores que ahora contribuyen a aumentar el alquiler y los costes de explotación y fabricación.

Puede que no sigas esta sugerencia, pero alguien lo hará, y muchos de ellos ganarán muchos millones de esta manera.

Prácticamente todas las industrias, desde el puesto de cacahuetes hasta la locomotora del ferrocarril y la enorme planta industrial, consumen petróleo de muchas maneras. El mundo de la maquinaria no podría existir sin el petróleo. El uso de la maquinaria y en particular la energía motriz de combustión interna se está extendiendo por todo el mundo. Hay amplias zonas que se encuentran simplemente en la etapa del queroseno que eventualmente se desarrollará hasta llegar a la etapa del automóvil y el tractor. Llevando la idea más allá, vemos la probabilidad de que en algunos años estaremos transportando no solo pasajeros sino también mercancía por vía aérea, lo que significa una demanda aún mayor de petróleo crudo para ser convertido en gasolina y aceites lubricantes.

Estas son algunas de las razones por las que he comprado reservas de petróleo durante los últimos meses. Y por qué, en nuestra Carta de Inversión, hemos recomendado estos estudios a nuestros suscriptores. Debido a la clamorosa demanda del crudo, muchas de las refinerías que han contratado el suministro para productos refinados están compitiendo entre sí, por lo que las empresas que realmente tienen las cartas ganadoras son las productoras.

Preveo un período de enormes ganancias en las principales compañías petroleras, especialmente en las que están involucradas en el campo de la producción.

La mayoría de las personas cometen su error cuando promedian un valor, al empezar demasiado pronto; o, si están comprando en una escala cercana, digamos un punto menos, no proporcionan el capital suficiente para percibir que el declive sea dos o tres veces mayor de lo que anticipan. Recuerdo a un amigo que, después de ver que Union Pacific se vendía a 219 en agosto de 1909, pensó que estaba muy barato a 185 y mucho más barato a 160. Eso lo convirtió en una auténtica ganga a 135. Compró en todas esas cifras. Pero en 116, su capital se agotó, y, como dicen en Wall Street: «Se lo llevo la marea».

PARTE X

LA VERDAD SOBRE «PROMEDIAR A LA BAJA»

Una GRAN cantidad de dinero se pierde o se estanca por la gente que promedia a la baja. Su teoría es que, si compran un valor a 100 y llega a 90, es mucho más barato, y cuanto más bajo llegue, más barato se vuelve. Como todas las reglas y teorías de Wall Street, esto a veces es cierto; pero hay muchas ocasiones en las que el precio de un valor disminuirá en el mercado mientras que su valor intrínseco y su poder de ganancia se reducen aún más rápidamente.

Si bien una disminución del precio a menudo se debe a una caída del mercado general de bonos o acciones, o de ambos, debido a alguna circunstancia que afecta a un determinado grupo de acciones, también es frecuente que el precio baje debido a una debilidad propia a los intereses de la empresa o a una disminución de sus perspectivas. El conocimiento de esa influencia suele limitarse a los pocos que están en contacto estrecho con los asuntos de la empresa. A veces, hay un desarrollo gradual hacia el lado desfavorable; entonces otra vez puede haber un suceso de la noche a la mañana que cause un cambio radical en las estimaciones o valores anteriores.

Cualquiera que sea la causa de un descenso, la cuestión de promediar a la baja es algo que desconcierta a la gente que ha comprado a precios más altos y se pregunta si promediar no es una buena salida. Muy a menudo resulta ser la manera de profundizar más en el tema. Por lo tanto, para juzgar inteligentemente si se debe promediar, es necesario saber qué causó la caída.

Recuerdo que hace unos años, compré una determinada acción alrededor de los 45. Poco después de comprarla, el precio bajó a unos 30, momento en el que me enteré de que la acción estaba infravalorada, de modo que para los iniciados todo lo que estuviera por encima de 30 representaba una ganancia.

La empresa estaba haciendo un negocio espléndido, pero la acción había sido mal manejada, y los responsables de su reacción en el mercado huyeron y abandonaron al nuevo bebé en la puerta del público. Sabiendo que la acción estaba en manos del público, yo no promedié a los 30, sino que esperé a que bajara a unos 15. Entonces compré una cantidad igual y la vendí con diez puntos de ganancia, lo que hizo que mi costo inicial bajara a 35 $. Luego la acción bajó a 12 y volví a comprar, revendiendo a 16, lo que redujo mi coste a unos 31. Algunos meses más tarde, la acción subió a 38, donde la vendí. Esto me dejó casi en paz, teniendo en cuenta los intereses.

Estas transacciones duraron dos o tres años y sirven para ilustrar una buena manera de promediar un bono o acción que ha sido decepcionante en su movimiento. Es un método empleado por los grandes profesionales que, como se ha descrito anteriormente, a menudo trabajan a una escala mucho más estrecha y aprovechan todas las variaciones pequeñas del mercado.

¿Por qué compré la acción cuando estaba a la baja? ¿Y por qué no la vendí con pérdidas? Porque hice investigaciones a través de los funcionarios de la empresa, y descubrí que la corporación estaba en una condición muy próspera, habiendo reducido sus obligaciones y aumentado su poder de ganancia durante el tiempo en que la acción estaba bajando de 45 a una fracción de esa cifra. Se trataba de un caso en el que los valores intrínsecos iban en aumento mientras que el precio de mercado disminuía.

Por lo tanto, me mantuve siempre en una posición en la que yo podía comprar más en caso de que bajara aún más y, al vender en las subidas proporcioné los fondos para la recompra. Habiendo comprado el primer lote (con una media de alrededor de 15) estaba entonces en posición de venderlo en un repunte y volver a comprarlo en un descenso, de modo que cualquiera que fuera el camino del mercado me beneficiaría. Si el precio hubiera bajado a 10 y luego a 5, probablemente habría comprado una cantidad igual o quizás el doble de la cantidad en el nivel más bajo, siempre con mi ojo puesto en la brújula, que era la condición física, financiera y comercial de la empresa.

Las acciones de este tipo a veces disminuyen por su propio peso técnico, es decir, por la cantidad de participaciones que están presionando en la liquidación, combinado con una ausencia de apoyo; o pueden ser bajadas, es decir, presionadas artificialmente por aquellos que están deseosos de acumular en niveles bajos. En este caso creo que hubo una combinación de ambas influencias.

La mayoría de las personas cometen su error cuando promedian un valor, al empezar demasiado pronto; o, si están comprando en una escala cercana, digamos un punto menos, no proporcionan suficiente capital para percibir que el declive sea de dos o tres veces más de lo que anticipan.

Recuerdo a un amigo que, después de ver que Union Pacific se vendía a 219 en agosto de 1909, pensó que estaba muy barato a 185 y mucho más barato a 160. Eso lo convirtió en una auténtica ganga a

135. Compró en todas esas cifras. Pero en 116, su capital se agotó, y, como dicen en Wall Street: «Se lo llevo la marea».

El 85 % o el 90 % de la mortalidad empresarial, de inversión y especulativa se debe a operar en exceso o a la falta de capital, que en resumen es lo mismo. Y aquellos que promedian sus inversiones o compras especulativas suministran en muchos casos, ejemplos evidentes de las causas del fracaso.

Hace años, cuando Weber & Fields formaron una de las atracciones teatrales estrella en Nueva York, solían tener una escena en un banco donde uno de los equipos era el banquero y el otro el cliente de la institución.

El «oficial» observando a su «cliente» en la ventanilla, hizo una pregunta muy adecuada: «¿Meto el dinero o lo saco?».

Esto me lo recordaron recientemente al pensar en el número de personas que bajan a Wall Street año tras año, y con resultados diferentes (en su mayoría malos, debo reconocerlo), siguen metiendo y sacando dinero hasta que tienen éxito o fracasan. Y me pregunto continuamente, como un tipo de pregunta de prueba, si al poner o sacar dinero estoy progresando o retrocediendo. Como la rana que intentaba saltar del pozo, a veces me resbalo, pero cada año puedo ver que estoy progresando.

Hay temporadas en las que me conviene quedarme muy cerca de la orilla, porque, debido a otras influencias, mi juicio no está a la altura. Sin embargo, a veces soy lo suficientemente terco como para seguir luchando durante estos períodos, porque nadie puede permanecer en la bolsa de valores durante muchos años sin acostumbrarse al castigo. Ya se ha explicado que el éxito significa más inversiones buenas que malas, por lo que los lectores de los capítulos anteriores entenderán lo que quiero decir.

Cada uno debería reflexionar de vez en cuando y tener en cuenta sus propias acciones, no los valores financieros, sino su propia capacidad, su juicio y, lo que es más importante, los resultados obtenidos hasta ahora. Si encuentras que los últimos meses o años han sido insatisfactorios y poco rentables, a juzgar por la cantidad de tiempo, pensamiento, estudio y capital empleado, debes suspender las operaciones hasta que compruebe la causa; entonces debes resolverla. Esto puede hacerse mediante el estudio y la práctica (sobre el papel o con diez lotes de participaciones o bonos de mil dólares si es necesario) hasta que esté seguro de que ha superado el problema.

Puede ser que sea un alcista crónico y se encuentre en un mercado bajista. Con frecuencia he descubierto que estaba fuera de sintonía con el mercado, aunque nunca soy un alcista o un bajista *crónico*, siempre soy el tipo de hombre que la situación parece requerir.

Sin embargo, a veces ha sido una gran ventaja para mí, el haberme alejado por mi cuenta y averiguar en qué punto me encontraba y, si las cosas iban mal, ¿por qué? Encuentro que es más importante estudiar mis desgracias que mis triunfos.

JAMES R. KEENE

Aconsejaba la «limitación absoluta del riesgo» en las operaciones
de mercado. Keene era uno de los operadores más astutos que
Wall Street conocía.

PARTE XI

CONCLUSIONES EN CUANTO A LA PREVISIÓN Y EL JUICIO

De los capítulos anteriores debe haber quedado claro que durante los años que pasé en Wall Street no solo he mantenido los ojos y los oídos abiertos, sino que he ganado mucho como resultado del estudio, la práctica y la experiencia. Es lógico suponer que he llegado a ciertas conclusiones definitivas con respecto al negocio de la especulación e inversión, y que estas, si se enuncian con franqueza y claridad y son plenamente apreciadas por quienes las leen, deberían ser de considerable valor para los muchos que no han dedicado tanto tiempo o esfuerzo a la misma línea de trabajo.

Nadie puede permanecer en este negocio, ni siquiera por un breve período de tiempo, sin adquirir un cierto conocimiento, y corresponde a cada uno decidir si se contenta con seguir adelante de manera desordenada, o si se dedica a un estudio intensivo del tema. Mi recomendación a los lectores es que lo tomen en serio, aunque no tengan ni un solo dólar para invertir en la actualidad. Llegará el momento en que tengan capital para invertir y cuanto mayor sea su reserva de información sobre el tema, mayor será el incentivo para ahorrar o adquirir dinero de cualquier manera legítima y más rentable será el resultado.

En una atmósfera de indicaciones engañosas y noticias falsas, informes, chismes, métodos, etc., como los que se encuentran en Wall Street, a veces es difícil saber qué es lo que uno está tratando de hacer y qué tan bien o mal lo está haciendo. No es fácil medirse y ver cuáles son sus principios básicos, y qué tan bien los estás siguiendo.

Cuando una situación no está del todo clara para mí, creo que puedo aclararla poniendo por escrito todos los hechos, clasificándolos como favorables y desfavorables. Al escribirlo en papel, no solo tengo tiempo para razonar cada punto sobre la marcha, sino que, cuando lo anoto todo, se puede revisar y analizar con mucha más ventaja.

Siguiendo esta idea, he escrito quizás cincuenta conclusiones diferentes a las que he llegado con respecto al negocio de la especulación y la inversión, y estas las retomaré, una tras otra en este capítulo y en los siguientes, ya que constituyen una lista parcial de los principios que deben ser reconocidos y aplicados, según las necesidades individuales.

Estos puntos se dividen más o menos por igual entre la inversión y la especulación, pero es tan difícil determinar dónde empieza una y dónde termina la otra que en muchos casos me veré obligado a tratarlos en conjunto. Lo que intentamos conseguir es un aumento de la riqueza personal pura, y si esto se hace mediante la inversión cuidadosa y la acumulación lenta de dinero, cuyos ingresos se reinvierten para aumentar la suma principal, o si nos esforzamos por aumentar nuestro capital intentando predecir los movimientos del precio de los valores y sacar provecho de ellos, es algo que cada persona debe decidir por sí misma.

TANTO MI OBJETIVO PRINCIPAL COMO EL ÚLTIMO ES LA INVERSIÓN SEGURA Y RENTABLE DE MIS FONDOS. – Digo principal porque ese es mi primer y principal objetivo, y uso el término último porque eventualmente espero convertirme en un inversionista solo por ingresos. La provisión para sí mismo y su familia durante los últimos años de su vida es por lo que trabajan todos los hombres de pura cepa. Algunos hombres, como James R. Keene, siguen operando con acciones hasta que son muy viejos. Pero la mayoría de la gente quiere sentir que a partir de los sesenta serán libres de la necesidad de hacer dinero para vivir durante sus años de decadencia.

Por lo tanto, los beneficios de la especulación deben utilizarse para aumentar el capital principal invertido en activos financieros que generen ingresos, preferiblemente aquellos que aumenten su valor en el mercado. Los ingresos de tales inversiones se deben reinvertir una vez que se reciben.

SI DESPUÉS DE HABER PROBADO LA ESPECULACIÓN NO TE ADAPTAS, DEBERÍAS ABANDONAR EL NEGOCIO. Debes intentar convertirte en un inversor inteligente y con éxito. Si no lo consigues, debes recurrir a las cajas de ahorro e hipotecas u otros medios no fluctuantes para la inversión de tus fondos.

Una vez un amigo mío tuvo algo más de 100.000 $ en bonos, algunos de los cuales depositó en un corredor de bolsa como margen. Los bonos eran su cartera, representaban el resultado de sus ahorros desde el momento en que entró en el negocio, y aportaban un buen ingreso y grandes posibilidades. A medida que operaba de un lado a otro, se dio cuenta de que poco a poco iba cogiendo algunos de los bonos que tenía en su cartera y los depositaba en la casa de corretaje, hasta que finalmente llegó a un punto en el que casi la mitad de los bonos desaparecieron. Decidió que esto era una prueba evidente de que no estaba adaptado a la especulación. Por lo tanto, dejó de operar y reanudó las tácticas de ahorro por las que había acumulado los primeros cien bonos.

Eso fue hace algunos años. Ahora tiene un patrimonio de más de 200.000 $, y cuando en raras ocasiones se aventura en la arena especulativa, lo hace con mucho cuidado y en cantidades pequeñas.

Recomiendo el curso de este hombre a los que han tenido experiencias similares, pero con esta excepción: si están dispuestos a dedicarse a la tarea, sin duda superarán sus problemas y tendrán más éxito con el estudio y la experiencia adquirida. Pero seguir echándole dinero bueno al malo, no solo refleja el juicio empresarial de un hombre, sino que indica una debilidad en su carácter, que será mejor que supere a corto plazo.

Las experiencias de nuestros primeros años resultan ser baratas si realmente nos beneficiamos de ellas.

A veces nadie puede evitar tener su capital estancado en medios que no son satisfactorios. Pero no hay que dudar en cambiar, aunque sea necesario tomar una pérdida en sus activos actuales. Un buen valor compensará esta pérdida mucho más rápido que uno que es mediocre. Así que la pregunta que uno debe hacerse en relación con todos los valores que posee, es esta: «¿Hay otras inversiones que me resulten más rentables y en menos tiempo que estas? No puedo permitirme dejar que el dinero duerma, ni que trabaje lentamente. Soy como un comerciante: debo mover mi dinero tan a menudo como pueda, para que el rendimiento anual medio sea el máximo».

EL CAPITAL DEBE SER HECHO PARA TENER EL MEJOR PROVECHO EN EL MENOR TIEMPO POSIBLE. Esto se aplica tanto al capital operativo como al capital de inversión. He descubierto que es mejor usar solo una pequeña parte del capital total disponible para especular. Emplear todo o la mayor parte es un error fatal, ya que, en caso de una situación imprevista que cause una gran pérdida, uno está obligado a empezar de nuevo; mientras que, si la mayor parte del capital se invierte en un lugar más seguro, lo más probable es que genere un ingreso y aumente su valor, entonces en caso de una desgracia una parte del mismo puede ser convertido en efectivo para renovar las operaciones comerciales.

Pero esto debe ocurrir solo en casos excepcionales. Cuando un hombre descubre que tiene una cierta cantidad invertida y que esta cantidad disminuye debido a que la retira para fines especulativos, va por el camino equivocado y es mejor que se detenga y que se autoanalice a sí mismo antes de ir más lejos. Una persona que no puede tener éxito en la especulación con una pequeña cantidad de capital, sin duda perderá una gran cantidad si la emplea.

Para hacer que el capital de uno haga la mayor cantidad de dinero en el menor tiempo posible, es necesario estar siempre en la búsqueda de mejores oportunidades que las que se tiene ahora. Si tienes bonos que se venden entre 90 y 95, y que pueden avanzar a 110 en un buen mercado de bonos, no estaría justificado retenerlos si puedes comprar otro bono que esté igual de bien asegurado, igual de comercializable, y que tenga todas las demás ventajas de su valor actual, además de ser convertible en un valor que tenga excelentes perspectivas de avanzar a una cifra muy superior.

Si posees una acción ordinaria que está pagando tu 7 %, y que en promedio muestra solo una vez y media tus dividendos, mientras que puedes comprar al mismo precio otra acción ordinaria que está ganando tres o cuatro veces tu dividendo, tomando el promedio de un número de años, por supuesto que lo mejor es hacer el intercambio. Es muy importante averiguar lo que podemos y lo que no podemos hacer, pero no hay que desanimarse demasiado pronto. He conocido a miles de personas que se esforzaban por ganar dinero en la especulación y lamento decir que muy pocos están realmente cualificados para convertirse en un operador de éxito.

Pero hay cientos de miles de inversores exitosos, y es hacia esta vía de éxito e independencia a la que quiero llevar a mis lectores. Estudiando «el público» y sus formas, he aprendido qué tipo de operaciones son las más adecuadas para la mayoría. Aunque es un hecho peculiar que muy pocas personas se engañan a sí mismas pensando que son buenos médicos, cirujanos, abogados o dentistas, sí tratan de engañarse a sí mismas creyendo que son buenos inversores y especuladores.

Mira a tu alrededor: ¿Encuentras que entre tus conocidos el 100 % son hombres de negocios adinerados y exitosos? ¿No son parte de la mayoría que ni se enriquece ni se empobrece? Bueno, eso es tan cierto en Wall Street como en los negocios. En general, puedes ver a los exitosos y contarlos con los dedos de una o ambas manos, dependiendo del tamaño de tu círculo de conocidos.

Las personas tienen éxito en los negocios porque, aunque al principio cometen errores, los estudian y los evitan en el futuro. Luego, al adquirir poco a poco un conocimiento de los principios básicos del éxito, se convierten en hombres más inteligentes para los negocios. Pero ¿cuántos de ellos aplican esta regla a sus inversiones y a sus negocios? Muy pocos las estudian en lo absoluto. Muy pocos se toman en serio el tema. Cuando se adentran en la bolsa de valores, muy a menudo «se quedan atrapados», como dice el dicho, lo evitan por un tiempo, regresan de vez en cuando con resultados similares, y luego se alejan progresivamente de él, sin haberse dado nunca la oportunidad de desarrollarse en lo que podrían ser mejores operadores o inversores inteligentes.

Todo esto está mal. La gente se dedica seriamente al estudio de la medicina, el derecho, la odontología, o se dedica con firmeza al negocio de la fabricación de materiales, pero muy pocos profundizan en este tema vital que debería ser asumido seriamente por todos.

Ahora todos admitimos que el hombre promedio es mentalmente perezoso. Odia el trabajo, mental o físico, no quiere pasarse una hora cada noche estudiando, o incluso una vez a la semana, excepto en juegos de naipes como el *bridge*, el póker, o cualquier otra cosa igualmente divertida e interesante. Aquellos que emplean su tiempo de manera más provechosa se dirigen hacia la riqueza y la independencia; pero en muchos casos los jugadores de póker serán mantenidos más tarde por sus hijos.

Pero volviendo a nuestro tema, no deberían pasar más de unos pocos años antes de que una persona descubra si está capacitada para operar o si debe dedicarse al lado de la inversión.

EL DESARROLLO DE LA PREVISIÓN ES LO MÁS ESENCIAL. En general, es el hombre con mayor cantidad de previsión el que tiene más éxito en la bolsa de valores. La previsión es la esencia misma de la especulación. Sin su uso, una persona no especula en lo absoluto, solo se arriesga y juega.

Uno de los puntos fuertes del difunto J.P. Morgan era su capacidad de previsión y por lo tanto de anticipar los grandes cambios en las condiciones financieras y los precios de los valores. Era maravilloso cómo frecuentemente predijo, con meses de anticipación, el resultado de ciertas situaciones comerciales y financieras involucradas que no eran entendidas o anticipadas por nadie más. Esta fue una de las cualidades que lo hicieron grande. Le permitió comprometerse en grandes empresas, un ejemplo destacado es la U. S. Steel Corporation, pero hay muchos otros hitos industriales a su genio financiero que fue, después de todo, construido alrededor de su maravillosa previsión.

Fue la previsión lo que hizo de E.H. Harriman un gran hombre. Le permitió anticipar el desarrollo de los ferrocarriles Union Pacific y Southern Pacific y le permitió emprender la estupenda tarea de crear un imperio ferroviario.

Harriman una vez tuvo un trabajo ordinario, así como tú y yo tuvimos o tenemos ahora, y si él, a través del desarrollo de la previsión, y las otras cualidades que lo hicieron famoso, pudo lograr resultados espléndidos, entonces tú y yo podemos, por el uso de los conocimientos con los que estamos bendecidos, mejorar nuestra fortaleza personal concentrándonos en el desarrollo de nuestra propia previsión. Ello será de gran valor, no solo en nuestras inversiones, sino en todas las actividades que emprendamos, ya sean financieras, comerciales o personales, durante toda nuestra vida. Así que prestemos mucha atención al tema. Gran parte del éxito que ya he alcanzado se debe a que he adquirido el hábito de mirar hacia adelante para ver en qué dirección pueden ir los acontecimientos futuros.

ES MEJOR DEPENDER DE TU PROPIO JUICIO QUE EN EL DE CUALQUIER OTRA PERSONA. Si no has llegado a un punto en el que puedas hacer esto, mejor continúa tus estudios y prácticas hasta que puedas formarte un juicio sólido e independiente en el que puedas basar tus operaciones.

Escuchamos mucho en Wall Street sobre la «información privilegiada» y el valor de las grandes conexiones. Pero he descubierto que el hombre que más depende de su propio juicio se dirige hacia el éxito si no lo ha alcanzado ya. Es muy fácil dejarse influenciar por las múltiples opiniones que se propagan en Wall

Street y que pueden ser tomadas por nada porque generalmente no valen la pena.

Supón que eres el amigo personal más íntimo de un hombre que está haciendo un gran negocio con un valor que cotiza en la Bolsa de Nueva York. Te cuenta todos los hechos y te pone en posición de comprar, con un conocimiento profundo de lo que está pasando. Compras, y tal vez haces dinero, pero la mayoría de las veces cuando te das cuenta, estarás tan confiado por tu conocimiento interno que no venderás en el momento adecuado, o se producirá un problema que convierte tu ganancia en una pérdida, o tu gran amigo está fuera de la ciudad, o algo que está sucediendo en el mercado que él no te puede explicar.

Pero supongamos que consigues una ganancia, es posible que en la próxima oportunidad pienses que tienes a Wall Street en el bolsillo y te hundas con todo lo que has hecho y todo lo que tienes, y finalmente termines con una pérdida. La clase de dinero que te hace más bien es el que ganas con tus propios esfuerzos. Todo Wall Street está tratando de conseguir algo a cambio de nada. No se unan a la multitud. Más bien: «Resiste», la multitud suele estar equivocada. Conviértete en uno de los pocos exitosos que construyen piedra sobre piedra hasta que tenga una base sólida de conocimiento y experiencia que te durará toda la vida.

Si yo creyera que las personas que ahora leen y estudian los numerosos artículos que aparecen en *The Magazine of Wall Street*, dentro de cinco o diez años seguirían buscando en ella formas fáciles de ganar dinero, me sentiría muy desanimado. Pero si, como creo, muchos serán inducidos a través de sus enseñanzas a convertirse en estudiantes y, en última instancia, en inversores inteligentes y exitosos, entonces sentiré, que los muchos años de duro trabajo que he puesto en la publicación han sido bien recompensados.

En New Street, en la cuadra entre Wall Street y Exchange Place, encontrarás, en cualquier día agradable, un montón de «fantasmas» tomando el sol. Y a modo de explicación permíteme decir que un fantasma de Wall Street es uno que ha tratado de hacer dinero en el mercado y ha fracasado. Él es la visión más triste de todo el distrito financiero. El que fuera un próspero y quizás hombre de negocios rico, ahora está reducido a un mero vagabundo entre los alborotos que rodean la bolsa de valores. Dentro y fuera de las oficinas de corretaje lo encuentras divagando de forma desesperada, siempre en busca de «pronósticos». El limpiabotas pelirrojo y Jim, el hombre de los cordones, son algunos de sus confidentes. Siempre sabe a dónde va todo, pero nunca llega a ninguna parte.

No sé qué pasará con estos viejos «fantasmas» que andan a la deriva por el antiguo territorio, pero es instructivo saber que sus filas se reclutan de gente que nunca trató de desarrollar su propio juicio, sino que siempre dependió del de los demás.

CUANTO MÁS LARGA SEA TU EXPERIENCIA, MEJOR SERÁ TU FORMACIÓN, Y MAYOR SERÁ TU CAPACIDAD PARA JUZGAR Y PRONOSTICAR CORRECTAMENTE. Como las condiciones cambian constantemente, no hay dos mercados iguales ni dos sesiones diarias similares; pero los mercados, las sesiones, los pánicos y los auges tienen ciertas características que deben ser estudiadas con detenimiento y comprendidas profundamente.

El hombre que nunca ha pasado por un pánico podría encontrarse muy agitado. Bajo la presión de la excitación y la tensión nerviosa probablemente haría algo de forma equivocada. Pero cualquiera que haya experimentado varios pánicos, sabe cómo llevar a cabo sus operaciones para aprovechar al máximo una oportunidad poco común, siempre que previamente se haya puesto en posición de comprar a precios bajos.

Para algunas personas puede ser desalentador decir que hay que mantenerse en este negocio durante muchos años para tener mucho éxito; pero ¿no es esto lo que debe hacer en su propia línea de negocio? ¿No son los mejores hombres de negocios y profesionales los que han tenido la práctica más amplia?

No puedes entrar en ninguna fase del emprendimiento y hacer dinero o llegar a ser destacado «así como así», debes servir a tu aprendizaje. Por supuesto, si quieres unirte a las filas del gran porcentaje de personas que pasan sus años de decadencia al cuidado o custodia de sus hijos o parientes, o en instituciones, entonces puedes darte el lujo de ignorar mi sugerencia de que el trabajo, el estudio, y la amplia experiencia son esenciales. Pero si tienes imaginación y puedes imaginarte que posees riqueza y satisfacción en tu vejez, admitirás inmediatamente que vale la pena dedicarle más atención a este tema.

Tienes que vivir de todas formas, así que ¿por qué no vivir bien? Todo depende de ti, ya que generalmente puedes retirarte de la forma que quieras.

Por amplia experiencia no me refiero a la lectura de las columnas financieras durante treinta o cuarenta años; no se gana experiencia de esa manera. Me refiero a la experiencia práctica de invertir en acciones y bonos; cometer errores; averiguar por qué y sacar provecho de ello en el futuro.

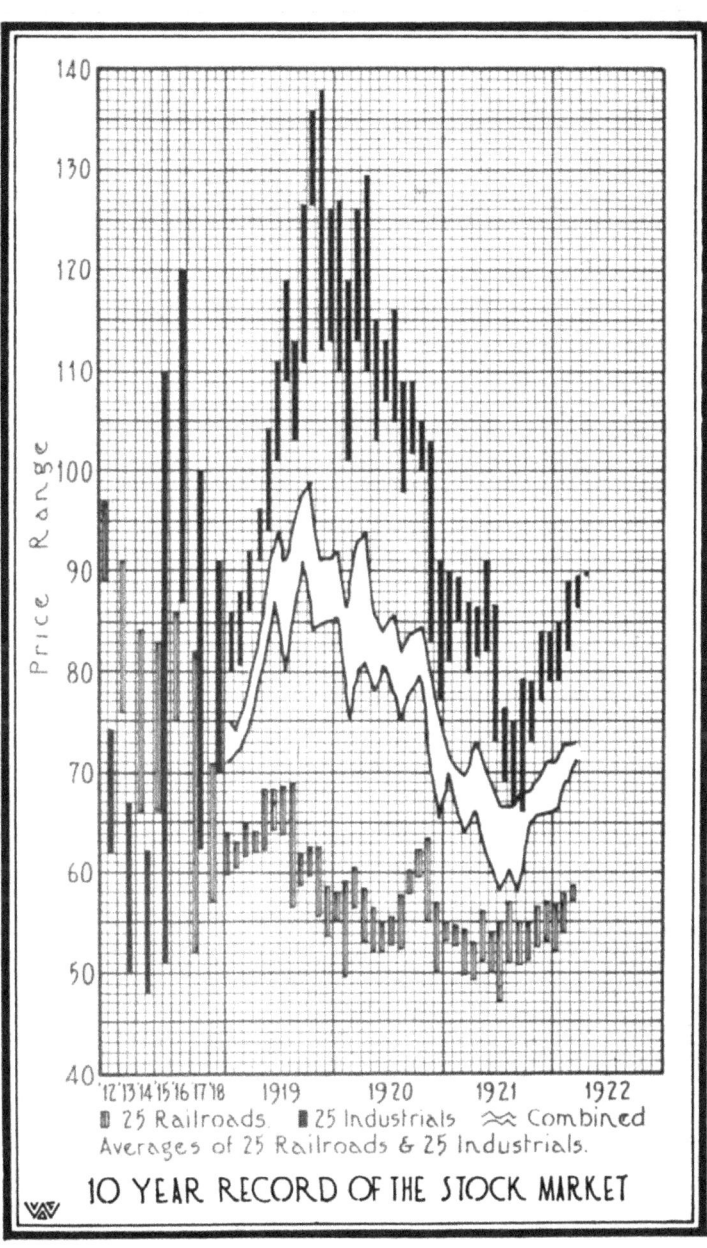

40
12 13 14 15 16 17 18   1919   1920   1921   1922
▥ 25 Railroads.   ▥ 25 Industrials   ≋ Combined
Averages of 25 Railroads & 25 Industrials.

10 YEAR RECORD OF THE STOCK MARKET

PARTE XII

PROTEGIENDO TU CAPITAL

La cuestión no es si puedes ganar dinero con el capital original, sino si dejarás de hacerlo debido a la pérdida de este dinero inicial desde el principio.

Todo está en conseguir un buen inicio. En un capítulo anterior se demostró que yo no empecé a invertir hasta ocho años después de haber empezado mis estudios, y que no empecé a operar hasta seis años después. El tiempo que el inversor medio debe seguir sus estudios sin poner en práctica sus ideas es una cuestión que debe decidir cada individuo, pero debe haber una comprensión profunda del lado teórico antes de que se hagan las primeras operaciones o inversiones.

Una persona se vuelve competente en otros campos profesionales porque generalmente ha pasado por un largo período de práctica y preparación. Por ejemplo, un médico va a la universidad, asiste a clínicas, viaja en ambulancia, presta servicios en hospitales y, tras algunos años de trabajo preparatorio, abre un consultorio. En Wall Street el mismo médico, abría un consultorio primero y luego procedía a la práctica. En cierto modo, el trabajo del médico, dentro y fuera de Wall Street, guarda semejanza, ya que cuando empieza a ejercer su profesión tiene que adquirir pacientes. En Wall Street se escribe «paciencia». Ambas son absolutamente necesarias para su éxito.

The Magazine of Wall Street ha repetido a menudo advertencias contra el inicio de operar antes de saber cómo; pero la verdad soportará muchas reincidencias, y nuestro círculo de lectores se amplía constantemente, volviendo a insistir en este punto.

Si Wall Street pudiera retener la misma clientela año tras año y sumar a ella los muchos que por primera vez se encuentran con capital de inversión o especulación, tendríamos cuatro y cinco millones de participaciones diarias en lugar de una y dos millones. Es extraño que, en el distrito financiero, que es el corazón de la estructura comercial e industrial de la nación, haya una falta de entendimiento tan lamentable de lo que el público necesita en ayuda.

Mi organización ha dedicado mucho esfuerzo a mostrar a las casas de corretaje de bolsa que, para retener permanentemente a sus clientes, se deben tomar medidas para educarlos. Hemos ofrecido vender al banco, a las casas de corretaje y de inversiones cantidades de literatura a un precio asequible y hemos tratado de mostrar a la comunidad de corretaje lo importante que es difundir libros y folletos educativos sobre este tema, a fin de que sus clientes, a través de un conocimiento genuino, puedan convertirse en clientes permanentes en lugar de transitorios de sus respectivas casas. Pero, con raras excepciones, nuestros llamamientos han caído en oídos sordos. Los corredores prefieren seguir asegurando, a un gran costo, nuevos clientes para tomar el lugar de aquellos que se desaniman y caen en el camino. Algún día se desarrollará una casa de corretaje que tenga, como parte permanente de su organización, un departamento educativo cuyo negocio será ver que sus clientes estén debidamente informados sobre lo que deben hacer y cómo deben hacerlo. Mientras tanto, el inversor individual se ve privado de la ayuda de la fuente lógica de donde debería provenir.

Las personas que realmente se quedan en el negocio y continúan año tras año comprando y vendiendo valores pueden clasificarse generalmente en dos divisiones. En primer lugar, los que tienen fuentes externas de ingresos y están continuamente trayendo dinero a Wall Street, y, en segundo lugar, los que tienen éxito en sus operaciones y por lo tanto aumentan su capital. Es lamentable que el porcentaje de los que traen dinero a Wall Street sea tan grande y que muchos no se den cuenta de que es su falta de conocimiento y sus métodos ineficientes en el campo financiero los que traen resultados tan insatisfactorios.

Los abogados, médicos, cirujanos y otros profesionales están obligados, en virtud de las leyes estatales, a aprobar ciertos exámenes y recibir certificados que demuestren que son competentes para ejercer la profesión. Esto es para la protección del público, pero no se ha previsto ninguna forma de proteger al público contra sus propias operaciones en la bolsa de valores. Sería bueno que la vida financiera de más clientes de las casas de corretaje pudiera mantenerse haciendo que pasen un examen sobre el conocimiento del tema y la capacidad de cuidarse a sí mismos. Muchos estados exigen que los solicitantes pasen un examen antes de que se les dé permiso para conducir un automóvil en las carreteras públicas. En un caso se trata de un riesgo físico y en el otro de un riesgo financiero.

Es de esperar una cierta cantidad de errores y un porcentaje de inversiones desacertadas, sin importar lo bien que se empiece o lo experto que se llegue a ser. Pero siempre debe preservar su capital operativo o de inversión, nunca poniéndose en posición de que esto desaparezca. Como dijo el irlandés: «Es mejor ser herido que ser asesinado». La falta de capital y operar en exceso, siendo las causas de la mayoría de las desgracias, son el resultado de estar demasiado comprometido en una dirección u otra.

Los inversores que empiezan con un solo capital de cien dólares tienen la opción de ser prudentes o de operar en exceso, pero por ignorancia muchos no se dan cuenta de cuándo se están extralimitando y cuándo sus operaciones pueden ser designadas como conservadoras. Para evitar un peligro, deben saber dónde se sitúan. Sería una tontería que un cabo dirigiera un ejército a un país extraño; e igual de tonto sería que cualquier novato reuniera su capital y se lanzara a una fase de compra o venta de acciones o bonos, sin estudio previo.

Una muestra representativa de las operaciones del público mostraría falta de interés cuando los precios son bajos y el mercado se arrastra. Cuando los precios empiezan a avanzar el público empieza a comprar y esta compra aumenta en proporción a la extensión y rapidez del avance hasta que, en la cima de un movimiento importante, el público es 95 % alcista y, por regla general, cargado de valores. Cuanto más ininterrumpido sea el avance, mayor y más rápido será el aumento del compromiso por parte del público.

Examinando la sección transversal en un pánico encontraríamos que aquellos que fueron muy lejos en la subida y en la cima, están atrapados. La compra es realizada por nuevos reclutas, que consta de cazadores de gangas que nunca antes han comprado valores, combinados con los pocos que vendieron mientras los precios estaban altos y que, por lo tanto, tienen dinero para invertir.

Puede que los precios hayan avanzado constantemente durante un par de años antes del pánico y que aquellos que empezaron con un pequeño capital pueden haber acumulado buenas cantidades cuando se calculan a precios elevados, principalmente beneficios en activos de papel. Pero como los mercados bajistas suelen ser tan rápidos como severos, estas ganancias son barridas rápidamente, de modo que a menudo los que los han estado acumulando durante dos años suelen perderlas en treinta o sesenta días.

Puedes decirte a ti mismo: «Oh, bueno, el público puede hacer eso, pero yo no soy parte del público». Pero el hecho es que, a menos que seas un operador o inversor capacitado y experimentado, o tengas, en cierta medida, la pretensión de ser un iniciado, un profesional o semiprofesional, entonces eres uno de esa gran mayoría que constituye el gran público especulador e inversor estadounidense. Cuanto antes te des cuenta de este hecho, más rápido podrás ajustarte a una posición adecuada en el mundo financiero.

El punto de diferencia entre el público y los que no son de esta clase se encuentra en el hecho de que el público no es sofisticado; en otras palabras, no está capacitado para el negocio. Si estás capacitado, no eres miembro de ese grupo.

Una vez que se ha clasificado así, te corresponde determinar cómo puedes proceder sin peligro, hasta el punto de que pueda depender con seguridad y provecho de su propio juicio. Mi opinión personal es que la mejor manera de hacerlo es mediante un curso de estudio antes de empezar las operaciones, porque un resultado satisfactorio es el resultado del conocimiento más el capital. Si no tienes el conocimiento o el capital o ambos no puedes tener éxito, así que lo lógico es obtener el conocimiento primero, mientras se ahorra o se deja de lado el capital.

Es la estupidez la que hace que la gente «se precipite en donde los ángeles temen pisar». Y hay algo sobre la atmósfera de Wall Street lo que hace que la gente piense que lo que sea que se tenga que hacer debe hacerse de inmediato, pues de lo contrario la oportunidad se les escapará. Encuentro que las oportunidades están llegando a lo largo de todo el tiempo, y que la mayoría no son tan buenas como parecen. Así que vale la pena esperar a las mejores.

El joven con su primer dinero bien podría dedicar su tiempo libre durante cinco años al estudio, la investigación, la autoformación, para saber si es un inversor o un especulador, y cuanto más aprenda sobre eso, más se dará cuenta de lo ignorante que era al principio. Si a los treinta años ve la necesidad de estudiar y a los treinta y cinco ha acumulado algún capital que mientras tanto ha sido depositado en las cajas de ahorro o en bonos de alto grado o hipotecas, no debe ni siquiera entonces entrar con la idea de construir una fortuna, sino con la intención de proceder con cautela y conservadurismo, de modo que durante todo el resto de su vida irá acumulando su fondo de conocimientos y capital de inversión sobre una base cada vez más amplia.

Este asunto no es algo que se deba apresurar; puedes continuar con tu trabajo habitual con esto como una actividad secundaria o un pasatiempo, si lo deseas. No se puede aprender todo en un minuto, pero por supuesto, cuanto más tiempo le dediques, más rápido podrás empezar a practicar.

Como ya he dicho, el punto principal es preservar su capital inicial de tal manera que nunca se le prive de él, y la manera de hacerlo es aprender de qué se trata antes de acometerlo.

Es bueno estudiar los métodos de otros operadores e inversores grandes y exitosos.

Se puede aprender mucho de esta fuente. La imitación tiene un gran valor, pero por supuesto, debemos seleccionar a los individuos cuyos métodos han sido científicos y cuyos resultados hablen por sí solos.

Cuando era pequeño me interesé por el estudio de la música. Algunos de mis maestros estaban mejor calificados que otros, pero con el que más progresé fue el que me interesó en el aspecto más amplio del arte al inducirme no solo a practicar mucho, sino a asistir a los mejores conciertos y óperas; estudiar la teoría de la música, la historia de los grandes compositores, las características de las grandes composiciones, los principios de la armonía, etc. Cuando estaba aprendiendo un fragmento particularmente difícil en el piano o en el órgano, este profesor se sentaba y lo tocaba para que yo pudiera imitarlo. El resultado fue que me interesé tanto por mis clases que les dediqué prácticamente todo mi tiempo libre y dinero.

Esa es la forma de abordar este tema.

Si bien no puedes esperar que los grandes financieros o los grandes y exitosos operadores se sienten y te digan cómo lo hacen, en estos días iluminados hay un mundo de literatura relacionada con el tema. Los volúmenes anteriores de *The Magazine of Wall Street* contienen muchos artículos de esta naturaleza. Todas sus bibliotecas públicas cuentan con material útil. El estudio de los métodos de los hombres que han tenido éxito puede darnos muchas pistas.

«No hay lugar en el mundo moderno para los inexpertos; nadie puede esperar un verdadero éxito si no se da una educación especial y completa. Las buenas intenciones no sirven para nada, y la industria desecha al que no puede comunicar un alto grado de habilidad en su trabajo. El hombre formado tiene todas las ventajas de su lado; el hombre desinformado invita a todas las trágicas posibilidades de fracaso».

PARTE XIII

CÓMO SE PIERDEN MILLONES EN WALL STREET

Hace muchos años había una acción que se negociaba en la Bolsa Curb de Nueva York llamada Arlington Copper. Se decía que la «mina» tenía más de cien años y, con los métodos modernos que podrían aplicarse al mineral de baja calidad en la propiedad, los promotores afirmaron que podrían obtener una gran ganancia.

La sede de esta operación estaba en Arlington, N. J., una pequeña ciudad residencial al otro lado de los prados de Nueva Jersey. Uno podía subirse a un tren Erie y estar allí en veinte minutos. Cualquiera podía haber visto muchos trabajos antiguos y mucha roca que se señaló como mineral. El viaje de ida y vuelta podría haber costado un dólar y haber tardado tres horas.

¿Alguna de las personas que compraron ansiosamente la acción en la Bolsa Curb de Nueva York hizo un viaje a Arlington para ver lo que estaban comprando? No. Estaban «demasiado ocupados» o tenían que estar en casa a las 6:30, ya que tenían una «cena de compromiso». Posiblemente, la hora de la comida o la fiesta social en la noche fue más importante que los miles de dólares que pusieron en esta acción, pero, en cualquier caso, Arlington Copper falleció, como muchas «cosas buenas» suelen hacer.

No es necesario buscar mucho para encontrar muchas aclaraciones sobre este punto. El público no investiga, sino que compra y vende con base en la opinión de alguien, y sin tomar las precauciones que seguramente se aplicarían en su propio negocio.

Durante muchos años me ha impresionado la necesidad de que la investigación preceda a las inversiones, en lugar de sucederlas. Toma el campo de las patentes y calcula, si puedes, cuántos cientos de millones se hunden cada año en la nueva idea de alguien sobre cómo se debe hacer esto o aquello. El otro día, al discutir este asunto con un ingeniero mecánico experto, se descubrió que el 97 % de las patentes que se obtienen no tienen valor comercial o nunca se desarrollan hasta el punto de obtener una ganancia. Sin embargo, como dijo: «Hay muchos hombres importantes en esta ciudad a quienes puede escuchar más rápido con un nuevo aparato patentado que de cualquier otra manera. Dejarán de lado su propia línea de negocio y se dedicarán a su nuevo método, si es algo que les da placer». Pero ese es solo un campo profesional.

Es imposible calcular cuántos cientos de millones se pierden debido a una investigación preliminar inadecuada de los aspectos comerciales, financieros y técnicos de las empresas que absorben un volumen tan grande de la riqueza pública. Sin embargo, no existe otra forma de gastar el dinero tan inteligentemente como la de proteger el capital.

La mayoría de la gente no sabe cómo investigar una empresa. Alguien se presenta con una lavadora recién patentada. Necesita 25,000 $ para «desarrollarla». A él le gustaría que tú y algunos de tus amigos aporten 5,000 $ cada uno. Te dará el 51 % de interés en el negocio y te invita a investigar. Pero tú y tus amigos no investigan realmente; se comunican con alguien que ya está en el negocio de las lavadoras y le preguntan qué opina. No es un experto; no conoce la situación de la patente; todo lo que sabe es si puede vender la máquina que maneja ahora y si cree que es mejor que la suya, pero no tiene un amplio conocimiento del negocio porque todo lo que está manejando es una pequeña máquina en un pequeño comercio de los EE. UU. Unos pocos o unos miles de dólares gastados en una investigación exhaustiva ahorrarían muchos problemas, tiempo y dinero.

El mismo principio se aplica a una empresa petrolera, minera, ferroviaria, industrial o de cualquier otro tipo. El dinero gastado en una investigación cuidadosa es un seguro contra pérdidas. También produce información que será valiosa en caso de que desee ingresar al negocio o comprar participaciones.

Una empresa en la que tengo interés ha decidido recientemente lanzar un nuevo producto al mercado. La demanda se había establecido y superaba con creces a la oferta. No había dudas sobre la capacidad de la empresa para fabricar los productos y venderlos, pero sí sobre qué tipo de productos agradaría mejor al público y cómo deberían venderse. Entonces se ordenó una encuesta muy amplia de toda la industria, con el resultado de que la empresa ahora está en condiciones de seguir adelante con sus nuevos productos de forma más inteligente, en la línea de menor resistencia. Es este tipo de previsión lo que conduce al éxito.

Es un hecho notable y afirmativo que los funcionarios de esta empresa con frecuencia toman grandes riesgos especulando e invirtiendo en valores, pero sus investigaciones rara vez van más allá de la etapa de una investigación superficial en cuanto a la opinión de una o dos partes, incluido el corredor que está en el otro extremo del teléfono escuchando para ejecutar una orden.

Eso me recuerda un punto que he señalado a menudo respecto a la ética involucrada, en que el cliente pregunta y el corredor de bolsa da una opinión sobre una inversión o especulación a tener en cuenta. Personalmente, creo que el cliente debe saber qué quiere hacer antes de acercarse al corredor y que la función de este último es ejecutar la orden y financiar la operación. Mucha gente no está de acuerdo conmigo, pero es un asunto que podemos discutir en otro momento.

Quizás no puedas investigar personalmente, por falta de tiempo o conocimiento del tema, pero siempre podrás contar con los servicios de quienes puedan. En uno de mis capítulos anteriores expuse algunas de mis experiencias en acciones mineras y mostré cómo empleé ingenieros de minas para examinar propiedades y otros ingenieros para verificarlas. La minería solo es una forma de industria que está representada en Wall Street, y debo decir que hay muchas más empresas además de las minas que necesitan investigación. En los últimos meses se ha puesto de manifiesto que varias propuestas representan solo una fracción del valor que los promotores habían reclamado en un principio.

Lo que Wall Street necesita es algún medio para «controlar» el entusiasmo y, en algunos casos, el engaño de quienes se dedican a la comercialización de valores. Hay dos tipos de personas en el distrito financiero: las que intentan ayudarse a sí mismas ayudando a los demás y las que se ayudan a sí mismas con lo que otros poseen. No lleva mucho tiempo averiguar si aquellos con los que estás tratando pertenecen a alguna de estas clases.

La investigación de algunas de las empresas cuyos valores se negocian es un tema que requiere un rango muy amplio de conocimientos y habilidades, y está fuera del alcance del hombre promedio. Por ejemplo, un examen de una propiedad como Philadelphia Company, o Cities Service u Ohio Cities Gas requeriría capacitación en muchas especialidades diferentes, muchas de las cuales el inversionista promedio no comprende. Una minuciosa investigación de una empresa de este tipo solo se justificaría mediante una inversión muy importante.

Es por esta razón que un porcentaje tan grande de personas que compran valores son accionistas de U.S. Steel, porque el negocio del acero es algo que entienden, o creen que entienden, y Steel Corporation es líder en la frecuencia y detalle de sus reportes periódicos, que contienen estadísticas esenciales cuyas características principales casi todo el mundo puede comprender. Si algunas otras corporaciones con organizaciones complejas hicieran que sus operaciones fueran tan bien entendidas por el inversionista promedio, y por su desempeño pasado, lograrán tal grado de confianza en la mente del público que muchas personas podrían vender su acción de U.S. Steel y comprar los demás valores. Pero con Steel Corporation ocupando una posición de prestigio, similar a una montaña rodeada de pequeñas colinas, es fácil para cualquiera ver dónde se encuentra la montaña y su relativa anchura y altura en comparación con las de sus vecinas.

Cuanto más estudio este tema, mayor parece la necesidad de «investigar antes de invertir». Solo en el tema de la discriminación, existe una gama tan amplia de condiciones y tantos ángulos desde los que se pueden hacer comparaciones, que el tema es, excepto en algunos casos, muy complicado y requiere un juicio claro y experto antes de decidir un rumbo definitivo.

Una de las cosas más importantes para saber qué comprar es la cuestión de cuándo debe hacerse.

Hoy estuve discutiendo este asunto con un inversionista. Se refirió a los activos y al poder adquisitivo de una gran corporación cuyos valores habían sufrido recientemente una caída muy importante. Él no podía entender por qué la acción debía bajar ante semejante demostración de fuerza comercial y financiera.

Mi respuesta fue esta: «Tienes un automóvil; se compone de una gran cantidad de acero, madera, caucho, latón, cuero y otros materiales. Requiere gasolina, agua, aire y aceite lubricante. También conocimiento sobre cómo ajustar el conjunto de piezas de maquinaria complejas para que todas las partes funcionen armoniosamente. Lo más pequeño de tu automóvil es la chispa. Sin ella, toda la masa se vuelve basura. Con la chispa al menos puedes hacer que la maquinaria funcione, y puedes encenderla. Pero a menos que tu chispa esté programada para dispararse en el momento exacto en que el pistón alcanza un cierto punto de elevación en el cilindro, también puedes salir y caminar».

Lo mismo ocurre con la acción que acaba de mencionar. La compañía tiene un amplio capital de trabajo, una alta dirección, un gran poder adquisitivo y unas perspectivas maravillosas. Probablemente se encuentre en una posición mejor y más sólida que cuando tu acción se vendió a treinta puntos más arriba. En este caso, la «chispa» está representada por la posición técnica. En 140 la chispa no se ajustó correctamente. En 110 el ajuste ha mejorado, pero un estudio de la posición técnica de esta acción eventualmente señalará el momento exacto en el que debería ser comprada, así que prepare todos sus otros factores para el momento en que la posición técnica muestre que es hora de comprar.

En las fluctuaciones de casi todos los valores, llega un momento en que pueden comprarse o venderse de manera más ventajosa, y el entrenamiento del juicio personal en la toma de decisiones sobre «cuándo» es uno de los puntos más delicados en este negocio. También es uno de los menos comprendidos.

Con mucha frecuencia se ha demostrado que ciertas «autoridades» en valores y sus mercados se han equivocado, principalmente porque han ignorado esta consideración tan importante. También pueden ignorar el gatillo de un arma.

El consejo de Carnegie: «Pon todos los huevos en una misma canasta y luego mantén el ojo en ella» podría aplicarse a una organización industrial de la que el jefe era él, pero no se aplica en general en el área de inversión.

Las posesiones propias deben estar tan diversificadas por los compromisos financieros en varias líneas de negocio, en diferentes localidades y sujetos a influencias dispares, que pase lo que pase, solo una pequeña parte de la inversión se vea afectada.

Antes de la guerra española, nuestros buques de guerra llevaban una torre de observación que consistía en una pieza sólida de acero construida de tal manera que un disparo bien dirigido la derribaría, pero durante la guerra, un hombre de la marina con una mente brillante concibió la idea de una torre consistente en una red de tiras de acero que requería quince o más disparos en ciertos puntos para derribarla, y así el factor de seguridad se incrementó enormemente.

Los inversores deben seguir este plan de protección mediante la diversificación de sus inversiones, de la misma manera que una compañía de seguros evita el riesgo de su capital y excedente en un solo inmueble. Al repartir su riesgo entre un gran número de inmuebles en varias localidades, se está protegiendo contra una catástrofe.

Cualquiera que sea la cantidad invertida, debe repartirse por lo menos entre diez o veinte títulos diferentes, muy distintos entre sí en cuanto a la naturaleza del negocio, el margen de seguridad, la ubicación del sector, etc. De este modo, tus fondos estarán cubiertos con una protección contra la pérdida de inventario. Y en la búsqueda de los medios adecuados, ampliarás tus conocimientos mediante un estudio metódico y discriminatorio del tema.

«Cuando te detengas a pensar en ello, verás que es imposible que todos los valores tengan perspectivas y precios iguales; por lo tanto, algunos deben ser mejores que otros. Para poder seleccionar los pocos que son los mejores se requiere un conocimiento muy amplio y una gran formación y capacidad estadística y analítica. Sin embargo, la posesión de tales calificaciones permite a uno acortar el camino hacia su objetivo de inversiones sólidas y la obtención de dinero».

PARTE XIV

LA IMPORTANCIA DE SABER QUIÉNES SON LOS PROPIETARIOS DE UNA ACCIÓN

E s importante saber si los grandes operadores, los iniciados, los fondos o el público dominan el mercado de un determinado valor o grupo de valores.

A menudo, se escucha la expresión: «Las acciones están en manos débiles». Es una cuestión importante saber dónde se encuentran las acciones que componen el grupo principal de participaciones especulativas o cualquier valor individual.

La razón por la que esto es muy importante es la siguiente: rara vez verá a la mayoría de los banqueros en el lado alcista del mercado, a menos que esperen un cambio pronunciado en las condiciones de la bolsa de valores en un futuro próximo. Por lo tanto, sus propias compras son una indicación de una probable mejora. Cuando un fondo se consolida, es probable que una o varias cuestiones se vean afectadas favorablemente por acontecimientos conocidos por unos pocos, pero no conocidos por el público. Lo mismo ocurre con un gran operador individual, que toma una posición con una gran línea de acciones, porque confía en que en el futuro hará que otros le quiten los valores de las manos a niveles más altos.

A menudo, las operaciones de esta envergadura son factores decisivos en la tendencia del mercado, debido a las grandes cantidades de valores que se negocian. Esas compras agotan la oferta flotante y, por lo tanto, conducen a un nivel más alto. Los grandes profesionales y los operadores también tienen una forma de influir en el mercado en la dirección deseada. Esto se puede llamar manipulación, o propaganda, o lo que sea, pero sigue siendo un hecho, sin embargo, que esto se hace con frecuencia. Algunas personas afirman que hay un «poder» que domina el mercado, y tal vez esto sea cierto hasta cierto punto, pero no en el sentido que muchos creen. Los grandes profesionales a veces trabajan juntos, u observan la actitud de los demás por la reacción de sus respectivas acciones, y así operan en armonía, pero sin ningún entendimiento real.

Sin embargo, hay otro grupo de personas que operan en el mercado casi constantemente, y este grupo es realmente el más grande y poderoso de todos. Me refiero al público inversor y especulador que, en la mayoría de los casos, ni está formado ni está organizado. Si el público pudiera reunirse y operar en armonía para no estar continuamente pisándose los talones, habría un tipo diferente de Wall Street; porque sin el público como amortiguador, los grandes profesionales, los fondos y los operadores serían comparativamente impotentes.

Algunos pueden criticar esta declaración por el hecho de que se hace de improviso y sin ninguna prueba definitiva, pero yo he tenido ocasiones en el pasado de demostrar que es verdad, y no considero necesario presentar aquí los hechos. La revisión del comité nombrado en 1909 por el gobernador Hughes con el fin de investigar el funcionamiento de la Bolsa de Nueva York, publicada en *The Magazine of Wall Street* en agosto de 1909, se refiere a las negociaciones de los operadores de parqué, quienes «por su familiaridad con la técnica de las transacciones en la bolsa y su capacidad para actuar en conjunto con otros y así manipular los valores, se supone que tienen ventajas especiales sobre otros operadores».

Afirmo que si unos pocos operadores de parqué, debidamente organizados, pueden obtener resultados, el público podría, de forma organizada, controlar la situación. Solo menciono esto para ilustrar el punto de que lo importante es saber dónde están las acciones, porque la situación de los que controlan el mercado es una indicación de su actitud, posición y poder.

Se admitirá que hace algunos años antes de que los ferrocarriles fueran perseguidos y sus beneficios reducidos por innumerables organizaciones antiferroviarias, sus valores estaban en gran parte en manos de los grandes profesionales bancarios, cada uno controlando sus respectivos grupos de valores. Los Rockefeller estaban en St. Paul, New Haven y otros, los intereses de Harriman y Kuhn-Loeb en el control de Union Pacific, Southern Pacific, etc., y los Morgan dominaban sus acciones secundarias. Pero la situación ha cambiado y ahora puedo afirmar con seguridad que la gran mayoría de participaciones ferroviarias americanas están en manos de pequeños inversores.

Los grandes profesionales salieron hace mucho tiempo. Vieron la «nota en la pared»; tenían derecho a vender y a protegerse y vendieron. Los grandes bloques de diez mil, cincuenta mil y cien mil participaciones se dividieron en pequeños lotes y así se mantienen hoy en día. El propietario de diez participaciones es ahora más representativo del control del ferrocarril que en cualquier otro momento de la historia, y esta situación continuará hasta que se produzca un cambio muy radical en las perspectivas de la industria ferroviaria estadounidense.

Habiéndome convencido de que esta es la situación, estoy en mejor posición para juzgar la reacción del mercado de estas acciones y para decidir sobre mi curso individual, en la medida en que me interesa especular o invertir en los ferrocarriles. Hay excepciones a esta regla, pero se puede decir con seguridad que fuera de los movimientos individuales en cuestiones o grupos especiales, no es probable que haya ninguna actuación concertada hasta que los grandes profesionales vean claramente que el futuro será más brillante y mejor, de lo contrario no estaría justificado que se acumularan.

Cuando empiece esta acumulación, como probablemente ocurrirá, tarde o temprano, se producirá un cambio muy claro en el carácter del mercado de las acciones ferroviarias. Ese cambio se manifestará primero en las transacciones.

De lo anterior se verá lo importante que es saber quién mantiene las acciones y cómo el público, desorganizado, es incapaz de aplicar nada más que una ayuda superficial en los mercados inactivos, arrastrados y en declive.

En este caso, los banqueros, los grandes operadores y los fondos, buscan en otra parte sus ganancias en la bolsa de valores.

Hay algunas oportunidades que son mejores que cualquier otra que sea ofrecida en este momento. La tarea de uno es buscarlas.

Es asombroso cuánta gente en Wall Street trabaja en «corazonadas». Cada vez que tu amigo te habla de las espléndidas ganancias que obtuvo en ciertas transacciones, es casi seguro que te dirá: «Tuve la corazonada de que era una buena compra a ese precio». Pero cuando alguna de sus operaciones arroja pérdidas, no lo achaca a una «corazonada» sino a la «mala suerte».

La gente suele realizar sus inversiones de forma similar a como se hacía la propaganda en años anteriores, cuando la teoría del anunciante era: «Pon un anuncio en el periódico y mira cómo sale». Citando un discurso muy interesante del Sr. M. H. Avram: «La publicidad ya no es una propuesta de éxito o fracaso, sino que se lleva a cabo de forma científica y se ejecuta según líneas previamente determinadas y probadas por la experiencia. A veces una campaña publicitaria puede desviarse en cuanto a los detalles, debido a circunstancias que no se podían prever, pero en sus fundamentos la línea predeterminada ira inquebrantablemente hacia el éxito».

En otras palabras, la publicidad, que antes era una ciencia muy inexacta, se ha vuelto científica. Está muy dentro de los límites de la posibilidad de que la inversión también se ponga en el mismo plano. Estamos haciendo un progreso lento pero constante para lograr ese fin.

Al escribir este libro me he esforzado en dar ejemplos de cómo se pueden superar algunas de las dificultades en este gran tema. Y los últimos capítulos han sido dedicados a observaciones que pueden ayudar a resolver algunas de estas cuestiones. No quiero terminar sin decir una palabra a favor de la selección metódica de los medios de inversión.

Como se ha dicho al principio de este tema, hay algunas oportunidades que son mejores que otras. Cuando te detengas a pensar en ello, verás que es imposible que todos los valores tengan perspectivas y precios iguales; por lo tanto, algunos deben ser mejores que otros. Para poder seleccionar los pocos que son los mejores se requiere un conocimiento muy amplio y una gran formación y capacidad estadística y analítica. Sin embargo, la posesión de tales calificaciones, te permite acortar el camino hacia tu objetivo de inversiones sólidas y la obtención de dinero.

Es un tema profundamente interesante. Cuanto más aprendes, más te das cuenta de lo poco que sabes, y más ansioso te pones por adquirir conocimientos.

Mientras que como nación quizás nos estamos volviendo más estudiosos, también somos más amantes del placer. Y el deseo de estudiar y avanzar se ve a menudo obstaculizado por las influencias que te llevan a los pasatiempos y la recreación. Un ingeniero amigo mío me contó que nunca se duerme sin leer sobre algún tema educativo durante al menos media hora. Este hábito, ya bien formado, ha sido de valor incalculable para él en su práctica. Su ejemplo puede ser imitado con gran provecho.

FIN

Otros Libros Traducidos por I.A. Ortega

El Juego de Wall Street, y Cómo Jugarlo con Éxito

Hoyle. Traducción de I.A. Ortega. *El Juego de Wall Street, y Cómo Jugarlo con Éxito.* Publicación independiente, 2020. Edición original publicada en 1898

Psicología de la Bolsa

G.C. Selden. Traducción de I.A. Ortega. *Psicología de la Bolsa.* Publicación independiente, 2021. Edición original publicada en 1912